불교, 화청의식 복원에 관한 연구

불교, 화청의식 복원에 관한 연구

초판 1쇄 인쇄	2013년 04월 03일
초판 1쇄 발행	2013년 04월 10일
지은이	노 명 열
펴낸이	손 형 국
펴낸곳	(주)북랩
출판등록	2004. 12. 1(제2012-000051호)
주소	153-786 서울시 금천구 가산디지털 1로 168, 우림라이온스밸리 B동 B113, 114호
홈페이지	www.book.co.kr
전화번호	(02)2026-5777
팩스	(02)2026-5747

ISBN 978-89-98666-38-5 93220

이 책의 판권은 지은이와 (주)북랩에 있습니다.
내용의 일부와 전부를 무단 전재하거나 복제를 금합니다.

이 논문(저서)은 2011년도 정부(교육과학기술부)의 재원으로 한국연구재단의 지원을 받아 연구되었음(NRF-2011-35C-2011-2-G00007).

불교, 화청의식(和請儀式) 복원에 관한 연구

노명열 지음

국문초록

불교, 화청의식(和請儀式) 복원에 관한 연구[*]

노명열(慧日明照)[**]

현재 학계와 불교계가 말하는 화청이란, 불 · 보살을 청해 소원을 성취하려는 전통화청의 목적과는 달리 삶과 죽음, 선과 악의 과보를 참석대중에게 전하려는 회심곡을 말한다. 그러나 조선시대에 간행된 다양한 불교의식 관련 의식집에는 수륙재와 대례왕공(시왕각배재) 그리고 예수재로 구분한 전통화청이 전해지고 이는 성현의 강림을 발원하는 화청(和請)의 목적에 부합(符合)한다. 현재 불교계에서 유일하게 전통화청을 복원하여 설행하고 있는 한국불교전통의례전승원에서는 『천지명양수륙재의범음산보집』에 기술된, 수륙재 화청 전문(全文)을 우리말로 옮겨 현행 회심곡의 음악적 선율을 그대로 적용하여 진행하고 있는데 이에 대해 전승원 측은 먼저, 현재까지 전해진 화청이 모두 우리말로 전해졌기 때문에 전통화청을 한역의 원문으로 행할 경우 처음 접하는 사람에겐 거부감이 생길 수 있어 정착과 보급에 어려움이 있을 것으로 예상되며 대한불교조계종이 추진하고 있는 종단 숙원 사업인 한글의식 · 의례 정

---

[*] "이 논문(저서)은 2011년도 정부(교육과학기술부)의 재원으로 한국연구재단의 지원을 받아 연구되었음(NRF-2011-35C-2011-2-G00007)."

[**] 철학박사(음악학전공) · 불찬범음연구소 소장 · 한국불교전통의례전승원 교수 · 중앙대학교 대학원 강사 · 대한불교조계종 한글의례운곡실행팀 실무위원.

착에 적극 동참하기 위한 것으로 차후 모든 의식문을 우리말로 옮겨 진행할 뜻을 밝혔다.

이와 같은 복원 방향은 시대적 요구의 행보로 풀이되는데 결국, 현행하는 모든 불교 의식이 한역으로 이뤄져 있어 그 의미와 목적을 온전히 이해할 수 없어 신행 포교의 방편으로 활용하는데 한계가 있음을 불교계 내부에서도 인지한 것으로 보인다. 특히, 음악적인 박자와 장단은 현행 회심곡류의 것을 그대로 쓰고 있는데, 이는 회심곡에 익숙한 참석대중을 배려한 것으로 볼 수 있고 다른 한편으론 4·4체로 이뤄진 가사를 원만하게 노래하기 위한 방편일 수도 있다. 재 의식 현장 상황에 따라 화청을 3번 반복하여 행하기도 하는데 이는 성현을 청할 경우 3번 청(請)하는 것에 기인한 것으로 보인다. 화청을 마치고 나면 바로 이어서 축원화청을 행하는데 이는 현행 축원화청과 동일한 구조로 이뤄져 있다.

한국불교전통의례전승원에서 행하는 전통화청의 복원과 재현은 재 의식 설행에 있어 상당한 발전을 이룬 것으로 평가할 수 있다. 첫째, 원문을 우리말로 옮겨 화청이 지닌 본연의 목적에서 벗어나지 않도록 한 점. 둘째, 우리말로 된 4·4체의 가사에 음악적 선율을 얹어 동참하는 누구나 쉽게 알아듣고 이해할 수 있도록 유도한 점. 셋째, 원아게와 축원화청을 포함하고 있어 동참자의 신심(信心)을 극대화시켜 포교의 방편으로 활용한 점이 인정되기 때문이다. 결국, 재 의식의 목적을 그대로 유지하여 성현의 강림을 발원하고 이를 통해 소원을 성취하려는 불교 의식 본연의 모습을 온전히 전달하려 한 점은 높이 평가할 만하다. 더군다나 굳이 회심곡류 화청을 행하지 않더라도 의식의 설행 중에 누구나 쉽게 따라 염송할 수 있어 창자(唱者), 일인(一人)에 의해 행해지던 기존 회심곡류 화청과는 확연히 다른 차별성을 느낄 수 있고 전통화청을 우리말로 옮겨 설행하려는 시도 자체가 다양한 전통 재 의식을 폭넓게 정착시키는데 긍정적인 효과를 유발할 것으로 기대한다.

전통화청을 보급하기 위해서는 먼저, 범패승의 인식변화가 필요하다. 그리고 다양한 재 의식 설행 현장에서 목적에 맞는 의식 절차에 따라 사부대중이 적극 동참할 수 있도록 우리말 가사를 보급하고 음악적인 선율도 다양하게 확보해야 한다. 이를 위해서는 음악 전공자의 창작 활동을 폭넓게 지원하고 불교계 내부에서도 이를 충분히 수용할 수 있는 자세를 보여야 한다.

중심어

화청, 회심곡, 수륙재, 영산재, 예수재, 대례왕공, 시왕각배재,
『천지명양수륙재의범음산보집』, 한국불교전통의례전승원, 경제어산

Study for restoration of Hwachung in Buddhist ritual*

Noh, Myung-Yeol(Heail-Myungjo)**

When researchers who have studied Buddhist music are asked to explain the difference between Hwa-Chung and "to purify the mind, music", they usually take them as the same rituals with different names and a slight difference in musical composition and religious process. Scholars emphasize that Hwa-Chung is very different from "to purify the mind, music" as it has "A Prayer Hwa-Chung (祝願和請)" in the beginning and in the middle or point out "to purify the mind, music" as a part of Hwa-Chung in a broader sense. Some Bumpae singers who perform in Buddhist rituals say, "Hwa-Chung is performed by Buddhist monks and 'to purify the mind,

---

* "This work was supported by the National Research Foundation of Korea Grant funded by the Korean Goverment(NRF-2011-35C-2011-2-G00007)."
** Ph.D. in Philosophy (Music Studies), Director of Bulchanbeomeum Research Institute, Professor of Korean Traditional Buddhist Ritual Succession Center, Instructor of Chungang University Graduate School, and Member of Korean Ritual Ungok Execution Team, Jogye Order, Korean Buddhism.

music' is performed by civilians." The Buddhist songs classified into "to purify the mind, music" based on five beats and Eotmori rhythm in the same form with no specific regional characteristics are called Hwa-Chung.

In the modern times, Hwa-Chung in Buddhist rituals is explained as generally known "to purify the mind, music" or "to purify the mind, music" is recognized as the Buddhist term of Hwa-Chung. Many people argue that Hwa-Chung is the Buddhist term and "to purify the mind, music" is the civil term, but they generally refer to the same ritual and that there is no issue despite the vagueness.

When approaching from the structure of ritual with introduction, body, and conclusion where commoners worship the saint and long for his advent and the saint respond to their wish to appear in the world and heal the commoners and grant their wishes, it is questionable as to why Hwa-Chung, the Buddhist song classified into "to purify the mind, music," is performed during the ritual. Furthermore, if Hwa-chung in the form of "to purify the mind, music," which is considered an important part of the ritual with three parts, has existed since the past, it is questionable as to why the many ritual books published in the Joseon Dynasty do not tell us to perform Hwa-Chung, a form of "to purify the mind, music".

These questions lead to other questions: "Does Hwa-Chung actually exist," "Does Hwa-Chung, a form of 'to purify the mind, music,' actually refer to Hwa-Chung included in traditional rituals," or "What are Hwa-Chung and 'to purify the mind, music' in Buddhist rituals?"

This study examines the definition of Hwa-Chung and its vague concept to discuss the background as to how "to purify the mind, music" has been known as Hwa-Chung in Buddhist rituals, the process of establishing it in theory, and the clear meaning of traditional Hwa-Chung to clarify its concept. It will be based on literature resources, not minor opinions or testimonies.

For this purpose, the popular definition of Hwa-Chung should be discussed based on official reports and the information on 『Intangible Cultural Heritage Investigation Report No. 65: Hwa-Chung』 should be discussed to understand how the Buddhist songs classified into "to purify the mind, music" have been called Hwa-Chung to approach the various opinions on the name, background, and resources of Hwa-Chung from a new perspective to broaden the scope of understanding. Moreover, 『Comprehensive Collection of Korean Buddhist Rituals(韓國佛教儀禮資料叢書)』, the ritual book published during the Joseon Dynasty, from which traditional Hwa-Chung is assumed to have been originated, should be discussed to verify the accurate meaning and purpose of Hwa-Chung in traditional rituals. By taking these steps, it is expected that it would be possible to anticipate the reason why traditional Hwa-Chung has not been succeeded until today.

The definition and purpose of traditional Hwa-Chung should be reorganized because the theoretical grounds of the many researches on Hwa-Chung are not based on literature resources, but they adopt the information on 『Intangible Cultural Heritage Investigation Report No. 65: Hwa-Chung』, which was based on the testimonies of Bumpae singers. Also, it is difficult to expect further theoretical establishment and academic development if Buddhist rituals are explained based on testimonies, not literature resources. In this respect, I am certain that the studies on Buddhist rituals will settle as a solid theory when they are based on various literature resources, not the testimonies of few.

The correction and supplementation of rituals can be important measures for examining the original forms of various traditional Buddhist rituals and encouraging public participation. Although Hwa-Chung or "to purify the mind, music" is widely loved by the public today, its original should be examined and an alternative should be suggested if it is no longer serving its original purpose. What should be performed is a religious ritual, not a stage performance.

key word

Hwach'ung, Hoesimgok, Suryugjae, Yongsanjae, Yesujae,

Taeryewanggong, Siwangkagpaejae,

Korea Buddhist Traditional Ceremony Academy, Kyo'ngjae O'san

차 례

국문초록 ·· 4

영문초록 ·· 7

Ⅰ. 서론 ·· 13

Ⅱ. 현행 불교 의식의 화청 ·· 19

   1. 기존 성과물에서 전하는 화청의 정의와 내용 / 19

   2. 『무형문화재 조사보고서 제65호 화청』 바로보기 / 29

   3. 새롭게 정립하는 화청의 정의와 내용 / 56

     (1) 수륙재의 화청 / 66

     (2) 운수단, 대례왕공문의 화청 / 74

     (3) 예수재의 화청 / 90

     (4) 화청의 정의와 범주 / 107

        1) 노래로 행하는 화청 / 107

        2) 음악적인 행위를 유도하는 지시어(指示語)로의 화청 / 111

        3) 화청의 범주 / 117

        4) 화청의 인식변화와 의식의 소멸 / 120

4. 전통적인 화청과 회심곡류 화청의 비교 / 125

      (1) 전통적인 화청 / 126

      (2) 현행 회심곡류 화청 / 128

   5. 전통화청의 복원과 시연 / 132

Ⅲ. 결론 ··· 143

참고문헌 ··· 147

I. 서 론

한국의 불교(佛敎)는 조선조 500년 동안 수많은 시련 속에서 지켜온 각종 의식집(儀式集)을 원형 모습 그대로 간직하고 있다.1) 그리고 이에 근거(根據)한 예경(禮敬)2)·축원(祝願)3)·송주(誦呪)4)·점안(點眼)5)·이운(移運)6)·수계(受戒)7)·다비(茶毘)8) 등의 의식과 사부대중(四部大衆)이 동참하는 재공(齋供)9)·

---

1) 국립도서관·국회도서관·장서각·규장각 및 동국대학교 중앙도서관과 각 종단을 대표하는 교구 본사(本寺) 그리고 말사(末寺)와 개인이 소장하고 있는 다양한 의식집은 헤아릴 수 없이 존재하며 대부분 유형문화재로서 가치를 인정받고 있다.
2) 불(佛)·보살(菩薩), 성현(聖賢)에게 예(禮)를 올리는 일체의 행위를 종교적으로 승화시킨 의식(儀式).
3) 불·보살, 성현에게 자기의 소원을 아뢰고 그것이 이뤄질 수 있기를 비는 의식.
4) 주문을 외우거나 다라니(陀羅尼)를 암송하는 의식.
5) 유형으로 만들어진 불상(佛像)이나 도화(圖畵)에 주문을 읽어 개안(開眼), 생명력을 넣는 의식.
6) 특정한 목적을 위해 불상·도화·법사(法師)·공양물 등을 옮기는 의식.
7) 계율(戒律)을 받아 지킬 것을 약속하는 의식.
8) 소신(燒身)·분소(焚燒)라고도 하는데 유해 혹은 시체를 화장(火葬)하는 의식.
9) 흔히, 수륙재·예수재·영산재 등을 꼽을 수 있는데 의복·음식·의약 등을 다른 사람에게 베푸는 의식으로 세간의 재보(財寶)를 가지고 모든 부처님과 보살에게 공양을 올리는 의식이다. 『佛敎大辭典』(서울: 弘法院, 2003), 下, 2231쪽.

시식(施食)10) 등, 오랜 역사와 전통을 대변할 수 있을 만큼의 다양한 목적성을 지닌 의식들이 존재한다. 더군다나, 이 모든 의식은 시간의 흐름 속에 지역과 승풍(僧風)에 따라 독특한 음악적 특징을 갖고 설행(設行) 절차와 구성에도 다양한 변화를 이루며 현재에 이르고 있다.

전통 의식을 전승한다는 것은 그 자체만으로 많은 긍정적 효과를 가져 온다. 그러나 때론, 예기치 않은 의외의 결과를 불러오는 경우도 있는데 가령, 승풍에 따라 혹은, 설행자의 능력에 따라 이치에 맞지 않은 의식들을 행하기도 하며 목적과 상관없는, 단순히 동참자의 참여를 독려하기 위한 무분별한 절차를 의식의 구성에 포함하기도 한다.

불교 재(齋) 의식에서 설행하는 회심곡(回心曲)류 화청(和請)도 예외는 아니다. 현행 전통 불교 의식은 한역(漢譯)으로 구성되어 있어 의식을 행하는 범패승이나 참여하는 대중(大衆) 모두, 의식의 의미와 내용을 면밀히 관찰하기 어렵다. 상황이 이렇다보니 의식 중간에 포함된 불교가요, 회심곡류 화청의 설행은 일반인들이 알아듣고 이해할 수 있는 유일한 의식으로 꼽힌다. 당연히, 설행 목적과는 상관없이 크고 작은 모든 재 의식에서 화청이나 회심곡을 행하게 되고 또 요구하기도 하며 이것을 생략하기라도 하면 의식을 제대로 설행하지 않은 것처럼 몰아세우기도 한다. 현행 불교 재 의식에서 화청이라 불리는 회심곡류 불교가요의 설행이 차지하는 비중은 그만큼 높다.

흔히, 불교 음악을 접해본 연구자에게 화청과 회심곡의 차이점이 무엇인지

---

10) 음식을 향하여 주문을 암송하는 것으로 주로 영혼을 대상으로 공양을 베푸는 의식을 뜻한다.

질문하면 음악적 구성과 종교적 설행과정에 차이가 있을 뿐, 엄밀히 말하면 명칭이 다른 동일한 의식인 것처럼 설명한다. 학자들 사이에선, 화청에는 상단과 중단의 축원화청(祝願和請)이 존재하고 있음을 들어 회심곡과는 큰 차이가 있음을 강조하거나 큰 의미에서, 화청의 한 부류로 회심곡을 꼽기도 한다. 불교 의식을 행하는 범패승 중에는 "스님이 행하면 화청이고 속인(俗人)이 행하면 회심곡이다"라고 설명하기도 한다. 그러고는 지역적 특징을 가늠할 수 없을 만큼 동일한 음악적 형태를 띤 5박, 엇모리장단 등을 기본으로 하는 회심곡류 불교가요를 화청이라 시연한다.11) 결국, 현재에 와서는 불교 의식 속의 화청을 흔히 알고 있는 회심곡으로 설명하거나 회심곡을 불교 용어인 화청으로 인식하고 있음이 분명해 보이고 동일한 설행목적을 지닌 것을 불교 용어로 하면 화청(和請)이라 하고 민간 용어로 하면 회심곡(回心曲)으로 인식하는, 모호하지만 전혀 문제없다는 식의 일관된 주장을 펼치고 있다.

그러나 성현을 찬탄하고 강림하길 발원하면 이에 성현은 중생의 요구에 응답하여 도량으로 강림해 중생의 아픔을 치유하고 발원을 성취시키는 구조,12)

---

11) 홍석분, 「회심곡의 음악적 분석: 불교의 회심곡과 경기민요 회심곡의 비교」(석사학위 논문, 용인대학교 예술대학원, 2003), 15쪽에 밝힌 음악적 분석뿐만 아니라 필자가 현장에서 녹음한 음원자료에서도 범패승이 시연하는 화청의 음악적 형태는 대부분 5박 엇모리장단임을 확인할 수 있다.

12) 먼저, 거불(擧佛)을 통해 귀의하고자 하는 대상의 명호를 염송하고 보소청진언(普召請眞言)으로 널리 일체 대상을 불러 청한다. 이어 유치(由致)와 청사(請詞)에서 청하는 이유와 대상을 찬탄하여 강림을 발원하고 헌좌진언(獻座眞言)으로 마련된 법상에 대상을 안치한다. 이어 법계(法界)를 깨끗이 한 후 다게(茶偈)와 진언권공(眞言勸供)·운심게(運心偈) 등으로 공양물이 법계에 두루 하도록 변화시킨다. 이후 예배하며 지난 과오를

서(緒)·본(本)·결(結) 혹은, 기(起)·승(承)·전(轉)·결(結) 등의 의식 구조적 관점에서 접근해보면 '과연 무슨 근거로, 의식을 진행하는 도중에 화청이라 불리는 회심곡류 불교가요를 행하는 것일까'하고 의심해 볼 수 있다. 더군다나 현행 재 의식에서 상단(上壇)과 중단(中壇) 그리고 하단(下壇)으로 구분하며 설행하는, 그토록 비중 있게 다루고 있는 회심곡류 화청이 예전에도 존재했던 불교 의식이었다면 '왜 전해지는, 수많은 의식집엔 회심곡류 화청을 행하라는 설명이 존재하지 않을까'하는 의혹을 제기해 볼 수도 있다. '화청이 존재하고 있기는 한 것인가' 라거나 '회심곡류 화청이 정말, 전통의식에 포함된 화청을 말하는 것일까', '도대체, 불교의식에서 말하는 화청은 뭐고 회심곡은 뭐란 말인가' 하고 말이다.

본 연구서는 제목 그대로, 모호한 개념으로 전해지는 화청의 정의를 스스로 점검해서 화청과 회심곡, 아니 불교 의식에서 회심곡류 불교가요를 화청이란 명칭으로 부르게 된 배경부터 학설로 정립된 과정 그리고 전통화청의 명확한 의미를 살펴 새롭게 정립하기 위한 것을 목적으로 하고 있다. 물론, 소수의 의견, 증언이 아닌 문헌자료를 통해서 말이다.

이를 위해 제1장에서는 학계에 보고된 연구서를 통해 현재까지 보편적으로 이해하고 있는 화청의 정의를 알아보고 회심곡류 불교가요가 화청이란 명칭으로 자리 잡게 된 배경을 살펴보고자 한다. 이어 제2장에서는 학설 정립에 결

참회하는 예참(禮懺)을 진행하고 널리 공양하고 회향하는 보공양진언(普供養眞言), 보회향진언(普回向眞言)과 일체 소원을 성취하는 진언 그리고 마련된 공양구의 부족함을 채우고자 염송하는 보궐진언(補闕眞言)과 청해진 불·보살의 덕상을 찬탄하는 탄백(嘆白)을 이어간다. 마지막으로 축원(祝願)을 염송함으로서 본 의식을 마무리한다.

정적인 자료를 제공한 『무형문화재 조사보고서 제65호 화청』의 내용을 깊게 살펴, 화청의 명칭 정립과 전승 배경 그리고 자료 수집 과정에서 제시된 다양한 의견을 새로운 시각으로 접근하여 바로 보고, 이해의 폭을 넓혀 설명하도록 하겠다. 제3장에서는 『한국불교의례자료총서』(韓國佛敎儀禮資料叢書)[13]를 통해 전통화청이 전해졌을 것으로 추정하는 의식집 중 화청에 관한 자료를 문헌근거로 제시하여 전통의식에서 말하는 화청의 정확한 의미와 설행 목적을 알아보도록 하겠다. 그리고 제4장에서는 전통화청과 회심곡류 현행 화청을 비교하여 정리하고 더불어, 전통화청이 현재까지 전승하지 못한 이유를 가늠하도록 하겠다. 제5장에서는 전통화청을 복원하여 설행하고 있는 한국불교의례전승원의 수륙재 시연 현장 자료를 수집, 이를 악보화하고 전통화청 복원 과정과 의의를 점검한 후 현행 의식에 활용할 수 있는 방안을 제시하겠다.

이제서라도 전통화청의 정의와 목적을 다시 정리하고자 하는 것은 화청을 주제로 한 다양한 연구 성과물의 이론적 근거가 문헌사료가 아닌, 범패승의 증언에 비중을 두고 작성한 『무형문화재 조사보고서 제65호 화청』의 것을 그대로 수용하고 있기 때문이다. 더군다나 문헌자료가 아닌 특정된 증언을 통해 불교 의식을 설명하다보면 더 이상의 학문 발전을 기대하기 어려울 것으로 판단하기 때문이다. 그러므로 소수의 증언자에게 의존하며 정립해야 했던 불교 의식 관련 연구가 이제는 다양한 문헌자료와 더불어 연구되어야 비로소 견고한 이론으로 자리 잡을 수 있을 것으로 확신한다.

의식 절차의 수정과 보완은 결국, 다양한 전통 불교 재 의식의 원형을 살필

---

13) 朴世敏, 『韓國佛敎儀禮資料叢書』(서울: 保景文化社, 1993).

수 있는 중요한 방편이 될 수도 있고 때론 목적에 따라 대중의 참여를 더욱 독려할 수도 있다. 비록, 현재에 이르러 많은 대중의 사랑을 받고 있는 화청 혹은 회심곡이라도 설행 목적에서 벗어나 있다면 이제라도 원형을 살펴 그 대안을 제시해야 한다. 우리가 행하는 것은 무대공연이 아닌 종교 의식이기 때문이다.

Ⅱ. 현행 불교 의식의 화청

1. 기존 성과물에서 전하는 화청의 정의와 내용

1969년, 『무형문화재 조사보고서 제65호 화청』을 시작으로 불교 의식 속에서 행하는 화청에 관한 연구는 최근까지도 계속되고 있다. 그만큼 화청은 많은 연구자에 의해 관심과 조명을 받기에 충분한 문화적 가치를 지니고 있다.

한역으로 이뤄진 불교 의식·의례에서 참석대중 모두가 듣고, 이해하며 동참할 수 있는 유일한 의식이 바로 화청이고, 일반 신도는 화청을 통해 울고 웃으며 위로와 신심을 돋우고 있기 때문이다. 당연히, 현행 재 의식에서 화청은 빠져서는 안 될, 무엇보다도 중요한 것으로 인식하며 행하고 있다. 현장의 상황이 이와 같이 전개되다 보니 국문학·한국음악·불교학·민속학 등 분야의 수많은 연구자는 나름대로의 다양한 의견과 견해를 규합(糾合)하여 화청을 설명하고 있다.

먼저, 화청이나 회심곡을 주제로 한 석·박사 학위논문이 전하는 화청의 정의를 정리해보면 다음과 같은데, 강석일의 「和請에 關한 硏究」[14]에서는 화청의 작가(作家)는 승려(僧侶)이었지만 서민적(庶民的) 가요(歌謠)라 할 수 있을

---

14) 姜錫一, 「和請에 關한 硏究」(석사학위논문, 고려대학교 교육대학원, 1987), 17쪽.

것으로 보고 범패 속에서의 화청과 스님들이 보는 화청 그리고 국악계와 국문학 측면의 화청을 구분하여 소개하고 있다. 특히, 화청은 원래 불교 의식의 격식(格式)을 말하는 것인데, 설행하는 방법으로 인해 음악적 의미(意味)로 전용(轉用)된 것으로 보았고 원래 화청의 의미가 "제불보살(諸佛菩薩)을 고루 청하여 정토왕생을 비는데 있다"는 사실에서, 화청의 내용은 음악적 기능(機能)보다는 대중(大衆)을 상대로 한 교화(敎化)의 방편으로서의 기능이 강했던 불성가요(佛性歌謠)라 정의하였다.[15]

권영문의 「和請의 敍事文學的 變容」[16]에서는 본래 의미가 여러 불·보살을 고루 청한다는 것으로, 청하는 방법의 하나로 음곡을 쓰고 있음으로 원래의 의미를 벗어나 음악적인 용어로 전용된 것으로 보았다. 당연히, 화청이 음악적인 뜻으로 사용되고 있음을 지적하였다. 더군다나 근래에 와서는 주로 죽은 사람의 천도의식에서 불리지만, 이것이 정토사상에 입각한 불교의 대중화 과정에서 여러 방편으로 쓰였다는 것을 상기할 때 그 개념과 범주가 확대되어질 수밖에 없다고 설명하고 있다.

정지은의 「和請의 기원과 전개에 관한 연구」[17]에서는 화청의 본뜻이 불보살을 의식도량에 청해 망인(亡人)의 극락정토왕생(極樂淨土往生)을 발원하는 것으로 보고, 화청은 불교의식의 한 요행이었는데 그 방법으로 음곡을 쓰면서 음악적인 것으로 해석되어졌다고 강조하고 있다. 영가천도의식의 끝부분인

---

15) 姜錫一, 「和請에 關한 硏究」, 39쪽.
16) 權寧文, 「和請의 敍事文學的 變容」(박사학위논문, 京畿大學校 大學院, 1994), 1쪽.
17) 정지은, 「和請의 기원과 전개에 관한 연구」(석사학위논문, 동국대학교 문화예술대학원, 1998), 5쪽.

회향(回向)편에 주로 사용된 불교, 의식음악이기도 하나 정토사상(淨土思想)을 중심으로 대중에게 불교를 교화하기 위한 포교(布敎)의 음악으로서 더 큰 목적과 의의를 지닌다고 보았다.

홍석분의 「회심곡의 음악적 분석 -불교의 회심곡과 경기민요 회심곡의 비교-」[18]에서는 일반인들이 불교의 교리를 쉽게 이해할 수 있도록 우리말로 된 가사를 부르는 노래를 화청이라 정의하였는데 범패승들이 재가 끝난 후 태징이나 북을 치면서, 재에 참여한 일반인들에게 쉬운 말로 교리를 설명한 노래로서 축원의 형식으로 구성되어 있다고 설명하고 있다.

김동국의 「回心曲 硏究」[19]에서는 회심곡이 연구자의 시각에 따라 불교가사 혹은 화청으로 다루어지고 있음을 지적하여 불가(佛家)에서 회심곡의 또 다른 명칭으로 화청이 쓰이고 있음을 확인하였다. 더불어 화청은 범패와 함께 불교 의식에서 쓰이는 불가(佛歌)로 설명하고 이를 "和請 회심곡"이라 칭하면서 천도재(薦度齋)와 상주권공재(常住勸供齋)·시왕각배재(十王各拜齋)·영산재(靈山齋) 등의 재(齋) 의식에서 화청 회심곡이 언제 등장하고 어떤 내용을 담고 있는지 구분하여 정리[20]하였다.

이우호의 「회심곡 연구 - 불교 음악적 요소와 민중 문화적 요소를 중심으로 - 」[21]에서는 화청은 불교 포교의 방편으로 쓰인 음악으로 민중들이 잘 알

---

18) 홍석분, 「회심곡의 음악적 분석 -불교의 회심곡과 경기민요의 회심곡의 비교-」(석사학위논문, 용인대학교 예술대학원, 2003), 5쪽.

19) 김동국, 「回心曲 硏究」(문학박사학위논문, 고려대학교 대학원, 2004), 16쪽.

20) 김동국, 「回心曲 硏究」, 112쪽.

21) 이우호, 「회심곡 연구 -불교 음악적 요소와 민중 문화적 요소를 중심으로-」(석사학위

고 있는 민요 등의 가락에 불교의 교리(敎理)를 쉽게 풀어 설명한, 사설을 얹어 부르는 것으로 설명하고 화청과 축원화청(祝願和請)으로 나눠, 화청은 순 우리말 가사로, 축원화청은 한문 가사로 정의하였다.

전성희의 「회심곡의 선율분석 연구」22)에서는 불교음악을 범패(梵唄)와 화청(和請)으로 구분하고 범패는 전문적인 의식음악으로, 화청은 순수한 우리가락을 기반으로 우리말로 된 장편가사로서 사설만 주어지면 누구나 부를 수 있고, 노랫말 또한 얼마든지 개작이 가능하기 때문에 전승공간이 사찰에 국한되지 않고 누구에게나 향유되는 특징이 있다고 전한다.

이종미의 「화청(和請)의 지역별 음악특성 연구」23)에서는 화청이 범패와 더불어 불교음악의 한 부분에 속하는 것으로, 순수 우리말 가사체로 된 점이 특이하다고 보고 대중이 알아듣기 어려운 범패를 대신하여, 보다 쉽게 생성된 우리의 고유한 음악을 바탕으로 불교 포교의 목적을 이룬 것이라 하였다.

다양한 학술지에서는 화청 명칭에 관한 보다 구체적이고 발전된 학설을 밝힌 성과물이 등장하는데 성기련은 「화청 회심곡과 염불 회심곡」24)에서 기존 무형문화재보고서에서 밝힌 화청 중 절 안에서 하는 화청과 밖에서 하는 화청을 구분하여 정리하였다. 이는 이보형이 박송암 스님과 대담하던 내용 중 "절

논문, 중앙대학교 국악교육대학원, 2007), 12쪽.
22) 田成姬, 「회심곡의 선율분석 연구」(석사학위논문, 영남대학교 대학원, 2009), 7~8쪽.
23) 이종미, 「화청(和請)의 지역별 음악특성 연구」(박사학위논문, 단국대학교 대학원, 2010), 1쪽.
24) 성기련, 「화청 회심곡과 염불 회심곡」, 『韓國音盤學』(서울: 韓國古音盤研究會, 1999), 제9집, 243~71쪽.

안에서 부르는 소리만 화청인 것이지, 절 밖에서 부르는 소리는 화청이라고 할 수 없다"는 것에 착안한 것으로, 화청에 속하는 회심곡을 '화청 회심곡'이라 칭하고 탁발승들이 걸립하는 노래 즉, 탁발승의 염불 회심곡을 줄여서 '염불 회심곡'이라고 칭하여, 두 곡의 사설을 비교한 후 각각의 음악적 특징을 정리하였다.

또한, 장휘주는 「화청의 두 유형: 축원 화청과 불교가사 화청」[25]에서 〈축원 화청〉과 〈회심곡〉 등을 통칭 '화청'으로 묶어서 논할 수는 없을 것 같다는 견해와 함께, 범패승이 상단이나 중단의 재 의식절차에서 부르는 것을 '축원화청'이라 하고, 그 외에 불교교리를 내용으로 한 4·4조의 우리말로 된 장편가사를 '불교가사 화청'이라 하여 서로 구별하였다. 또한, 연구서엔 두 유형의 화청을 음악적 설명을 포함한 다양한 요소의 비교를 통해 구분하였다.

화청을 회심곡과 축원화청으로 구분하는 내용 이후, 불교 『의식집』의 내용을 살펴 축원화청을 정리한 성과물이 등장하는데 손인애는 「불교 축원화청 연구」[26]에서 『천지명양수륙재의범음산보집』(天地冥陽水陸齋儀梵音刪補集: 1721)과 『작법귀감』(作法龜鑑: 1826) 그리고 『청문요집』(請文要集: 20세기 전반기) 등에 등장하는 상단 축원문과 중단 축원문을 축원화청과 연계하여 설명하고 축원화청이 어떻게 음악적으로 발전, 현재에 이르게 되었는지 그 이유를 추정하는 성과물을 발표했다.

---

25) 장휘주, 「화청의 두 유형: 축원 화청과 불교가사 화청」, 『이화음악논집』(서울: 이화여자대학교 음악연구소, 2006), 제10집 제2호, 125~59쪽.
26) 손인애, 「불교 축원화청 연구」, 『영산재학회 논문집』(서울: 옥천범음대학, 2009), 제7호, 135~60쪽.

지금까지 살펴본, 1969년 이후 연구 성과물에서 밝힌 화청(和請)은 공통적으로 불·보살을 청해 성현이 강림하길 발원하는 화(和: 화하다, 합치다, 서로 응하다)와 청(請: 청하다, 빌다, 고하다, 여쭈다)의 언어적(言語的) 의미는 공감하면서도 내용만큼은 불교 교화를 위한 방편, 특히 순 우리말로 된 사설을 음악적 선율에 얹어 노래하는 것으로 보고 있다. 더군다나 그 내용은 회심곡(回心曲)류, 불교가요에 기반하고 있음을 강조하고 있다.

먼저, 강석일의 「和請에 關한 硏究」에서 밝힌 화청의 내용을 살펴보면 50구(句) 이하에선 평염불(平念佛)·신년가(新年歌)·왕생가(往生歌)·신불가(信佛歌)·성도가(成道歌) 등이 주류를 이루며 50구 이상에선 부모은중경(父母恩重經)을 비롯하여 반회심곡(半回心曲)에 이르기까지 불교 포교의 내용을 담고 있는 회심곡류가 주류를 이루고 있음을 밝히고 있다.27)

권영문의 「和請의 敍事文學的 變容」에서는 화청 스님들의 면담을 통해, 화청 내용을 3대분하고 있는데 첫째는 자책가·서왕가 등과 같은 신념 유도의 불교가요들이고 둘째는 팔상화청·부모은중경화청 등의 이름에서 보이는 서사성을 띤 불교가요들임을 밝히고 있다. 마지막으론 풀이체 염불들로서 고사선염불이 그 전형에 해당한다고 설명한다.

특히, 이재호와 한만영이 밝힌 내용을 기반으로 화청을 설명하고 있는데 먼저, 이재호의 화청 원 가락의 내용은 "Ⓐ 제불보살의 인도로 염불하면 극락에 갈 수 있다 Ⓑ 극락의 모습과 극락으로의 여정을 그리면 누구나 갈 수 있다고 함 Ⓒ 우리 인생 성인 말씀 듣고 불국세계로 돌아가서 불도량을 넓혀야 한다

---

27) 姜錫一, 「和請에 關한 硏究」, 69쪽.

Ⓓ 가련한 인간세상 이슬같이 사라지니, 사후 고락을 알면 부처님 세계가 보인다 Ⓔ 생전의 업보대로 극락으로 간다 Ⓕ 중생들아 일생일사 사람마다 다 겪으니 믿음을 닦아 소원성취 하라" 등을 담고 있었던 것으로 전한다. 또한 한만영은 당시 최고의 범패승으로 꼽히던 송암 스님의 증언을 바탕으로 한, 회심곡·별회심곡·몽환가·백발가 등을 통틀어 화청이라 하였음을 소개하고 있다.28)

정지은의 「和請의 기원과 전개에 관한 연구」29)에서 밝힌 화청의 내용과 유형은 크게 3가지로 분류하고 있는데 첫째, 불교의식 음악으로서의 화청과 둘째, 불교의 대중포교를 위한 화청. 셋째, 동량(棟梁)이나 걸식(乞食)을 위한 화청이 그것이다. 의식음악으로서의 화청은 상주권공재와 시왕각배재, 생전에 수재(生前預修齋), 수륙재(水陸齋), 영산재의 회향편에서 행하는 회심곡과 축원화청을 말하는 것이고 대중포교의 화청은 신라의 원효(元曉)·대안(大安)·혜공(惠空) 등, 신라의 가무승(歌舞僧)의 활동에 등장하는 우리말 가요일 것으로 추측하고 있다. 또한 걸립승과 동량승이 생계유지와 필요한 재원을 마련하기 위해 불러온 '평염불회심곡' 등도 화청으로 보고, 이들 모두 회심곡·속회심곡·특별회심곡·별회심곡·반회심곡·별별회심곡·육갑회심곡·몽중회심곡 등의 회심곡류임을 밝히고 있다.30)

홍석분의 「회심곡의 음악적 분석 -불교의 회심곡과 경기민요 회심곡의 비

---

28) 權寧文, 「和請의 敍事文學的 變容」, 41~43쪽.
29) 정지은, 「和請의 기원과 전개에 관한 연구」(석사학위논문, 동국대학교 문화예술대학원, 1998), 5쪽.
30) 정지은, 「和請의 기원과 전개에 관한 연구」, 14~28쪽.

교-」에서는 화청의 주된 내용이 『석문의범』에 소개된 회심곡·별회심곡·몽환가·백발가 등으로 보고 이중 〈별회심곡〉의 내용에다 「부모은중경」의 일부와 불교 의식에서 그날의 의식과, 의식에 참여한 회중의 성격에 따라 자유롭게 만들어진 가사로 이뤄져 있음을 강조하고 있다.31)

김동국의 「回心曲 硏究」에서는 회심곡이 연구자의 시각에 따라 불교가사 혹은 화청으로 다루어지고 있음을 지적하며 화청보다는 회심곡의 관점에 무게를 두고 접근해 〈회심곡〉의 전모를 종합적으로 살펴 정리하였다. 특히, 불교 의식요(儀式謠)로서의 화청 구조가 재(齋) 의식이 열린 경우와 목적에 따라 망자의 천도(극락왕생) ⇨ 망자와 생자의 권계(勸戒)(인생무상) ⇨ 생자 권계(저승의 과보)의 순서로 이뤄지고 있음을 예로 들어, 18세기 이후 회심가·회심곡·인과문 등의 가사가 전개 양상의 측면에서 다양하게 변화하고 있음을 설명32)하였다.

이우호의 「회심곡 연구 - 불교 음악적 요소와 민중 문화적 요소를 중심으로 -」에서는 『석문의범』과 「중요무형문화재 조사보고서」를 인용하여 자책가·서왕가·원적가 등의 37곡이 화청임을 밝히고 걸립패와 전문 굿패거리들이 행하는 고사염불·회심곡·오조염불·천수경 등의 회심곡류를 모두 화청에 포함시켰다.33)

전성희의 「회심곡의 선율분석 연구」에서는 회심곡을 널리 유포시켜 대중

---

31) 홍석분, 「회심곡의 음악적 분석 -불교의 회심곡과 경기민요의 회심곡의 비교-」, 34쪽.
32) 김동국, 「回心曲 硏究」, 156쪽.
33) 이우호, 「회심곡 연구 -불교 음악적 요소와 민중 문화적 요소를 중심으로-」, 13~14쪽.

화한 사람들이 조선시대의 범패승들과 불자들일 것으로 추정하고 경·서도창으로 부르는 회심곡의 원형을 탁발승의 걸립회심곡에서 찾을 수 있다고 보고 있다. 특히, 회심곡은 불가(佛歌)로서 뿐만 아니라 고사염불·화청·민요·향두(향두가: 장례 때 상여를 메고 부르는 장송가(葬送歌)) 등에서 불리어지고 있다고 전하며 한만영의 회심곡과 화청의 관계설명, 즉 화청과 회심곡은 불교에서 포교의 한 방편으로 대중적인 선율에 얹어 그 교리를 쉽게 이해시키고 신봉하게 하는 음악이라는 점을 강조하고 있다.34)

이종미의 「화청(和請)의 지역별 음악특성 연구」에서는 『석문의범』에 전해지고 있다는 4·4조의 가사체로 이뤄진 참선곡·회심곡·별회심곡·백발가·찬불가 등의 가곡(歌曲)을 화청이라 소개하고 이경협·박송암·박청해 등이 부른 화청이 모두 『석문의범』의 것을 기본으로 하고 있음을 강조하고 있다. 더군다나 중부·영남·호남지역의 화청이 모두 『석문의범』의 화청에서 크게 벗어나지 않음을 현장자료를 통해 밝히고 있다.35)

지금까지 살펴본 대부분의 연구 자료에서 밝힌 화청의 정의와 내용을 살펴보면 비록, 화청이라는 언어적 표현은 불·보살의 강림을 화합된 마음으로, 대중 모두가 청하고 있다고 해도 의식 현장에서 보이는 화청은 대중이 아닌 특정된 창자(唱者)에 의해, 참석한 신도를 대상으로 행해지는 불교가요를 가리키며 내용 또한 회심곡류 가사(歌詞)에 중심을 두고 전개하는 것으로 설명하고 있다. 당연히, 연구서 내용을 살펴보다 보면 화청과 회심곡은 결국, 동일한 목

---

34) 田成姬, 「회심곡의 선율분석 연구」, 3~10쪽.
35) 이종미, 「화청(和請)의 지역별 음악특성 연구」, 33~38쪽.

적과 내용을 갖고 있지만 설행자(設行者)에 따라 다른 명칭으로 전해지는 것으로 보고 있다. 현재 불교 의식에서 보편적으로 행해지는 화청이라는 이름의 회심곡류 가사의 일부를 살펴보면 다음과 같다.

세상천지 만물중에 사람밖에 또있는가 여보시오 시주님네 이내말씀 들어보소 이세상에 나온사람 뉘덕으로 나왔는가 석가여래 공덕으로 아버님전 뼈를빌고 어머님전 살을빌며 칠성님전 명을빌고 제석님전 복을빌어 이내일신 탄생하니 한두살에 철을몰라 부모은덕 알을손가 이삼십을 당하여도 부모은공 못다갚아 어이없고 애달프다 무정세월 여류하야 원수백발 돌아오니 없던망령 절로난다 망령이라 흉을보고 구석구석 웃는모양 애달고도 설운지고 절통하고 통분하다 홍안백발 늘어간다 인간에 이공도를 누가능히 막을손가 춘초는 년년록이나 왕손은 귀불귀라 우리인생 늙어지면 다시젊지 못하리라 인간백년 다살아도 병든날과 잠든날과 걱정근심 다제하면 단사십을 못살인생 어제오늘 성튼몸이 저녁나절 병이들어 섬섬약질 가는몸에 태산같은 병이드니 부르나니 어머니요 찾는 것이 냉수로다 인삼녹용 약을쓴들 약효험이 있을손가 판수불러 경읽은들 경의덕을 입을손가 무녀불러 굿을하나 굿덕인들 있을손가 재미살을 쓸고쓸어 명산대찰 찾아가서 상탕에 메을짓고 중탕에 목욕하고 하탕에 수족씻고 촛대한쌍 벌려놓고 향로향합 불갖추고 소지한장 든연후에 비나이다 비나이다 하느님께 비나이다 칠성님전 발원하고 신장님전 공양한들 어느성현 감응하여 이내목숨 늘릴손가[36]

현재에도 수많은 범패승들에게 화청과 회심곡의 구분법을 설명하라고 하면, "속가(俗家)에서 행하면 회심곡(回心曲)이요, 불가(佛家)에서 행하면 화청(和請)이다"라고 쉽게 단언한다.37) 그러나 필자는 현행 불교의식에서 행하는 화청 내용엔 여전히, 불·보살을 청하는 내용이 없는 회심곡 일색(一色)임을 확인할 때 불교의식에서 말하는 화청이 우리가 흔히 알고 있는 회심곡류 가사(歌詞)·가요(歌謠)이지 『의식집』에 전하는 범패류의 전통화청은 아닐 것으로 확신한다.

기존 연구 성과물에서 정의하는 화청의 내용과 범패승이 정의하는 화청의 속설(俗說)은 수십 년에 걸쳐 자리해온 것으로 보이는데 그 시작의 해답은 바로, 다음 장에 소개할 1969년 문화재관리국에 보고된 「무형문화재조사보고서 제65호 화청」(無形文化財調査報告書 第65號 和請)에서 확인할 수 있다.

2. 『무형문화재 조사보고서 제65호 화청』 바로보기

이미 확인했듯이 화청에 관한 기존 연구 성과물에선 정의와 내용 그리고 역

---

36) 安震湖 編, 『釋門儀範(下)』(京城: 卍商會, 昭和10), 240~41쪽.

37) 2011년 12월부터 현재까지 화청에 관한 자료 수집을 목적으로 인터뷰한 중요무형문화재 제50호 영산재 보유자 구해 스님을 비롯한 동방불교대학 교수 현성 스님 그리고 청련사 불교대학 강주 상진 스님, 범패승으로 활동하는 동성 스님 등은 음악적인 특징은 다를지 몰라도 그 내용은 회심곡을 기반하고 있다고 말하며 쉽게 설명하면 "속가(俗家)에서 행하면 회심곡(回心曲)이요, 불가(佛家)에서 행하면 화청(和請)이다"라고 증언한바 있다.

사적 전개에 관한 일관된 주장을 펴고 있다. 가령 첫째, 본래 의미는 불·보살을 청하는 것이라는 점. 둘째, 광의의 의미로서 한문으로 된 전통 불교음악인 범패의 상대적인 개념으로 순, 우리말로 된 장가형식의 노래라는 점. 셋째, 『석문의범』에 실린 회심곡·별회심곡·백발가 등을 포함한 37종의 회심곡류 가요라는 점. 넷째, 정토사상에 입각해 망인을 천도하기 위한 교화의 수단이며 불교 포교를 위한 방편이라는 점. 다섯째, 화청의 역사는 신라시대의 원효·대안·해공·혜숙 등의 활동 근거에 기반하고 있다는 점. 여섯째, 조선 후기 걸립패와 동량승 등에 의해 전승되고 있었던 점 등이 바로 그것이다.

이와 같은 내용은 앞장에서 소개한 1980년대 이후 현재, 2010년까지 발표된 학술자료에서 쉽게 확인할 수 있는데 이는 지난, 수십 년 동안 화청을 접하고 연구한 학자들과 범패승 등의 틀에 박힌 고정관념을 그대로 수용한 결과로 보인다. 그럼 학자들과 범패승이 전하는 화청에 관한 일반적인 학설은 어디에 근거하고 있을까? 이를 확인하기 위해서는 1969년 발표된 『무형문화재 조사보고서 제65호 화청』(이하: 『화청보고서』)[38]을 깊이 있게 살펴보고 신중하게 점검할 필요가 있다.[39]

---

38) 본 연구를 위해 수집한 『무형문화재 조사보고서 제65호 화청』은 文化財管理局 編著, 『無形文化財調查報告書 第9輯(65號~68號)』(서울: 韓國人文科學院, 1998)에 실린 것을 옮긴 것이다. 이후 편의를 위해 『화청보고서』라 명칭을 축약하고 이해를 돕기 위해 한자(漢字)는 모두 한글(한자)로 혼용하여 서술한다.

39) 왜냐하면 범패승이자 불교의식 연구자인 필자의 입장에선 도저히 납득할 수 없는 몇몇 사항들을 지적할 수밖에 없는데 이를 증언이 아닌 사실 자료를 통해 확인, 증명하지 않고서는 그 내용을 일방적으로, 무작정 수용할 수는 없기 때문이다. 설사, 그 내용이 1960년대에 검증받은 범패승의 증언과 연구자에 의해 작성됐다 하더라도 말이다.

화청을 연구하는 많은 학자들이 참고하여 인용하는 내용 중 상당부분은 『화청보고서』에 기인하고 있다. 최소한, 1969년 이후 발표된 대부분의 연구 자료에서 밝힌 화청의 내용과 역사적 전개는 『화청보고서』의 것을 그대로 인용하고 있다 해도 과언은 아닙니다. 그만큼 화청에 관한한 절대적인 영향력을 끼친 자료라 해도 무방할 만큼 화청 연구자에게 있어 『화청보고서』의 중요성은 실로 대단하다.[40]

『화청보고서』는 1969년, 동국대학교 불교대학 관계교수회의에서 조사자를 선정하여 그 방면에 조예가 깊은 홍윤식(洪潤植)·김찬태(金燦泰)·오형근(吳亨根)·목철자(睦哲字)·고익진(高翊晋) 등이 그해 10월 11일부터 이듬해 1970년 1월 16일까지 약 3개월, 100여일에 걸친 조사기간을 통해 완성한 보고서이다.

문화재 지정을 위한 목적으로 사업에 착수한 조사위원들은 문공부(文公部)의 조사요령 지침에 따라 계획을 수립한 것[41]으로 전해지는데 비록, 불교계 전반에 있던 화청(和請)에 대한 인식에 잘못이 있다 하더라도 그런 잘못은 오

---

[40] 단기간에 걸쳐 조사한 자료를 정리하는 『보고서』와 수년에 걸쳐 수집·정리한 『연구서』는 그 내용의 정확성·객관성·검증성·평이성에서 엄청난 차이가 있을 수 있다. 사실, 『화청보고서』는 말 그대로 『보고서』이지 『연구서』가 아니다. 만약, 누군가가 약 3개월에 걸쳐 수집한 자료만으로 학위논문과 같은 연구서를 완성하려 한다면 이는 수많은 모순과 오류가 난무하는 결과물일 가능성이 높다. 더군다나 교통과 통신이 원활하지 않았던, 1960년대 당시의 상황은 자료를 수집하는 것 자체가 큰 어려움이었을 것이고 그런 이유로 몇몇 인연 있는 범패승의 증언을 토대로 당시, 현장에서 접할 수 있는 수집 자료를 중심으로 『화청보고서』를 작성했음을 본문에 밝히고 있다. 그러나 『화청보고서』는 이후 많은 연구사에 의해 화청에 관한 진실로 받아들여 현재에 이르고 있다.

[41] 文化財管理局 編著, 『無形文化財調査報告書 第9輯(65號~68號)』, 59~61쪽.

히려 화청의 역사적인 변천과정에 대해 중요한 자료를 제공해 줄 수 있을 것으로 판단, 당시 불교계 전반에서 인식하는 화청의 내용을 있는 그대로 조사보고해야 할 것으로 여겼다. 다시 말하면 화청을 부르고 있는 사람들이 그것을 어떻게 행하고 있으며 또 그에 대한 그들의 견해는 무엇인가를 사실대로 조사할 필요가 있었다는 설명42)이다.

이 같은 기준에 따라 당시 범음(梵音)에 조예가 깊은 황성기(黃晟起)로부터 자문을 얻어 봉원사(奉元寺)의 박송암(朴松菴)·안양암(安養庵)의 한법용(韓法龍)·법륜사(法輪寺)의 안덕암(安德菴)·선바위의 이경협(李璟協)·청량사(淸凉寺)의 현동성(玄東成)·장벽응(張碧應)·윤동화(尹東華)·봉원사(奉元寺)의 김혜경(金慧鏡) 스님 등을 찾아 화청에 관해 묻고 현장녹음과 가사를 얻어 정리하였으며 더불어 화청의 중요성과 역사적 유래를 사료 근거를 통해 제시함으로 전통성을 강조하였다. 또한, 당시에 활동하는 범패승의 현장증언 등, 수집 가능한 현장연주 자료를 모두 포괄하여 광범위한 성과물을 기록하였다.

먼저, 『화청보고서』 머리말43)을 확인해보면,

   Ⅰ. 조사방법(調査方法)
   (1) 지역별조사(地域別調査)

---

42) 이것은 『화청보고서』가 당시에 활동했던 범패승의 증언에 바탕을 두고 정리된 것임을 밝히는 것이다.
43) 文化財管理局 編著, 『無形文化財調査報告書 第9輯(65號~68號)』, 11쪽. 예문의 밑줄은 필자가 중요한 내용을 강조하기 위해 임의로 한 것이며 이후 예문도 동일하게 적용한다.

서울 지방(地方), 부산(釜山) 지방(地方), 전주(全州) 지방(地方)을 중심(中心)으로 하였으나 보유자(保有者)를 찾지 못하고 주(主)로 서울 중심(中心)으로 하였다.

(2) 녹음(錄音)채취(採取) 조사(調査)

음곡(音曲)이 같고 가사(歌詞)만 다를 경우 방대한 가사(歌詞)를 가진 소리를 전부 녹음(錄音)할 수 없어 대표적(代表的)인 것만 채취(採取)하고 가사(歌詞)를 모두 수록하였음.

(3) 조사대상(調査對象)

광의(広意)로 말하는 화청(和請)이란 범패(梵唄)가 아닌 불교(仏敎)의 대중적(大衆的)인 음곡(音曲)을 말하나 여기서는 장가(長歌) 형식(形式)으로 된 화청(和請)만을 대상(対象)으로 하였다.

(4) 채보(採譜)

녹음(錄音)된 전부(全部)를 채보(採譜)하지 않고 조사(調査)한 화청(和請)의 장단(長短)을 육부문(六部問)으로 분대(分対)하여 그 장단만 채보(採譜)하다.

II. 조사자선정(調査者選定)

불교대학(仏敎大學) 관계교수회의(關係敎授會議)에서 조사자(調査者)를 선정(選定)하다.

III. 조사일시(調査日時)

1969년 10월 11일

1970년 1월 16일

자료에서 밝힌 조사 대상은 서울로 한정하고 있는데 이는, 각 지방에 뚜렷한 화청 보유자를 확인할 수 없기 때문이라 설명하고 있다.44) 조사대상에서는 화청을 범패가 아닌 불교의 대중적인 음곡을 말하는 곳으로 간주하고 있다. 그리고 조사일시엔 약 3개월에 걸쳐 모든 조사가 이뤄졌음을 적고 있다.

다음은 화청의 중요성과 보존 필요성을 밝힌 내용45)이다.

> 화청(和請)이란 귀족(貴族) 불교(仏敎)로 전래(伝來)된 한국불교(韓國佛敎)의 대중화(大衆化) 과정(過程)에서 이루어진 소산(所産)이다.
>
> (… 중략 …)
>
> 이는 곧 업보(業報)에 따라 제도(濟度)한다는 부처님의 방편품(方便品)이기도 하였지만 한국(韓國) 불교(仏敎) 문화(文化)의 새로운 방향을 제시한 것이기도 하다.
>
> 이상(以上)과 같은 불교(仏敎)의 대중화(大衆化) 과정(過程)에서 그 하나의 방편(方便)으로 이루어진 것이 화청(和請)인 것이다.

---

44) 이는 당시에 불교계 내부에서 화청을 동량승이나 탁발승의 전유물로 여기고 있었기에 입에 담기조차 부끄러워 배우고 행하는 자가 드물었음을 의미하고 설사, 행하는 자가 있다고 해도 대부분『석문의범』의 범주에서 벗어나지 않아 조사자는 더 이상 살펴볼 필요를 느끼지 못했던 것으로『화청보고서』본문, 74쪽에서 밝히고 있다.

45) 文化財管理局 編著,『無形文化財調査報告書 第9輯(65號~68號)』, 13~14쪽.

화청(和請)의 본뜻은 뒤에서 상술(祥述)하겠으나 우선 여기서는 화청(和請)이 우리 문화(文化) 사상(史上) 다음과 같은 위치(位置)를 차지하고 있으므로 중요무형문화재(重要無形文化財)로 지정(指定), 이를 보존(保存)코자 하는 바이다.

(1) 화청(和請)은 우리 민족(民族) 정서(情緖)를 바탕으로 한, 설법(說法)이란 점(点).

* 즉(卽), 화청(和請)은 우리 민족(民族)에 알맞은 음곡(音曲)으로 법문(法門)을 설(說)한 것이라면 대중(大衆) 불교(佛敎)를 이해(理解)하는데 좋은 자료(資料)가 될 뿐아니라 이를 전승(傳承)함으로써 민족(民族) 문화(文化)의 바탕을 마련한다.

(2) 화청(和請)의 독특한 리듬과 멜로디는 회심곡(回心曲), 염불(念佛) 타령(打令) 등(等)의 민속(民俗) 가요(歌謠)에 많은 영향을 미쳤다는 점(点).

(3) 점차 보유자(保有者)가 인멸(湮滅)되고 있다는 점(点).

내용에선 화청이 불교의 대중화 과정에서 탄생한 것으로서 불교 포교의 방편임을 강조하고 있다. 더군다나 화청은 법문에 음곡을 붙여 행한 것으로서 대중 불교를 이해하는데 중요한 자료임을 설명하고 이는, 조사 당시 화청 내용이 부처님의 설법을 중심으로 진행했음을 암시하는 대목이라 할 수 있다.

또한 화청이 대중성을 갖고 있지만 다른 한편으론 화청을 행하는 보유자가 흔치 않음을 염려하여 문화재 지정을 호소하고 있다. 이것은 당시, 서울 이외 다른 지방엔 화청을 행하는 자가 흔치 않았음을 암시하는 것으로 볼 수 있다.
다음은 화청의 역사적 유래에 관한 내용46)이다.

> 화청(和請)의 본뜻은 여러 불보살(仏菩薩)을 고루 청(請)한다는 것이다. 그런데 그 방법(方法)에 있어 음곡(音曲)을 쓰므로 원래(元來)의 의미(意味)를 벗어나 음악적(音樂的)인 뜻으로 해석되어진다.
>
> 일명(一名), 걸청(乞請) 지심걸청(志心乞請)이라고도 하여 보통(普通) 불교(佛敎)의 천도(薦度) 의식(儀式) 때 망인(亡人)의 극락(極樂) 정토(淨土) 왕생(往生)을 발원(發願)하는 뜻으로 행(行)하여 진다.
>
> 다만, 여기서 다시 생각해야 될 것은 전기(前記)한 바와 같이 화청(和請) 원래(元來)의 뜻이 여러 불보살(仏菩薩)을 고루 청(請)하여 정토(淨土) 왕생(往生)을 발원(發願)하는데 있다면 화청(和請) 자체(自體)가 음악적(音樂的) 뜻을 갖는 것이 아니라 정토(淨土) 왕생(往生)을 발원(發願)하는 모든 음악(音樂)이 화청(和請)이라 하나 그 음악적(音樂的) 내용(內容)으로는 권왕가(勸往歌)·원적가(圓寂歌)·회심곡(回心曲)·자책가(自責歌) 등(等)으로 불리운다.
>
> 그런데 근래(近來)에 와서는 화청(和請)이 주(主)로 망인(亡人)의 천도의식 때에만 불리어지지만 원래(元來)는 정토(淨土) 사상(思想)

---

46) 文化財管理局 編著, 『無形文化財調査報告書 第9輯(65號~68號)』, 15쪽.

에 입각(入却)한 불교(佛敎)의 대중화(大衆化) 과정(過程)에서 여러 방면(方面)으로 불리어졌음을 상기(想起)할 수 있으며 따라서 다음과 같은 사실(事實)을 살펴봄으로써 화청(和請)의 유래(由來)도 상당(相 当)히 오랜 역사(歷史)를 가지고 있음을 알 수 있게 한다.

내용에선 화청이 원래, 불·보살을 청하는 것이 분명하다고 밝히고 있지만 그 방법에 음곡을 쓰기 때문에 음악적인 뜻으로 해석되어진다고 했다. 그러나 화청 자체가 음악적인 뜻을 갖는 것은 아님을 밝혀, 망자의 정토왕생을 발원 하는 모든 음악이 곧, 화청의 범주에 해당하는 것으로 파악하고 있다. 그리고 비록, 화청이 망자의 천도의식 때 불리고 있지만 그것은 불교의 대중화 과정 에서 파생된 방편임을 강조하고 있다.

물론 이와 같은 예문이 어디에 근거해 기술되었는지, 내용을 확인할 수 있는 이진 문헌은 접할 수 없다. 다만,『화청보고서』본문 62~63쪽, 박송임 스님 과 장벽응 스님의 인터뷰에 동일한 내용이 등장하고 있어 당시에 활동하던 범 패승의 증언을 토대로 작성된 것으로 짐작할 뿐이다.

『화청보고서』에선 원효(元曉)의 무애가(舞碍歌)와 월명사(月明師)의 도솔가 (兜率歌) 그리고 혜숙(惠宿)·혜공(惠空)의 불교 대중화를 비롯하여 향가(鄕歌) 와 조선시대의 염불계(念佛契) 그리고 탁발승(托鉢僧)과 건립(建立)패의 활동을 예로 들어 화청의 역사적 유래를 설명하고 있다. 다음은 역사적 유래에 관한 내용[47]이다.

---

47) 文化財管理局 編著,『無形文化財調査報告書 第9輯(65號~68號)』, 27~28쪽.

그러면 끝으로 현행(現行) 화청(和請)의 역사적(歷史的) 유래(由來)를 종합(綜合) 요약(要約)해 본다면 원효(元曉) 혜숙(惠宿) 혜공(惠空) 등(等) 신라승(新羅僧)의 불교(佛敎) 대중화(大衆化)의 방편(方便)으로 발생(發生)한 불교(佛敎)의 세속적(世俗的) 가요(歌謠)가 이후(以後)에는 일방(一方) 의식(儀式)에서 불리어지며 한편으로는 전기(前記) 가요(歌謠)의 정토(淨土) 사상(思想)을 뒷받침으로 한 향가(鄕歌)가 창작(創作)되어 일반(一般)에게 널리 불리워지게 되었으며 이는 신라(新羅) 문화(文化)를 계승한 고려(高麗) 조(朝)에도 계속 전승(傳乘) 되어졌을 것임은 고려(高麗) 초기(初期) 균여(均如)가 십원왕가(十願王歌)를 창작(創作)하여 불교(佛敎) 홍선(弘宣)의 자(資)로 삼고저 하였다는 사실(事實)을 미루어 알 수 있는 것이다.

그런데 이조(李朝) 시대(時代)에 와서는 배불(排佛) 정책(政策)에 인(因)한 지식층(知識層)의 포교(布敎)가 금지(禁止)되자 타력(他力) 왕생(往生)을 원(願)하는 일반(一般) 서민층(庶民層)을 위(爲)해서는 더욱 염불(念佛) 장려(獎勵) 및 화청(和請)의 권장(勸獎) 등(等)이 절실히 요청(要請)되어졌다.

그런데 이와 같은 불교(佛敎) 종단(宗團)의 염불(念佛) 화청(和請) 권장(勸獎) 시책(施策)은 일면(一面) 장엄(莊嚴)한 의식(儀式)을 발전(發展)시키고 한편 사원(寺院) 경제(經濟)의 쇠퇴로 빈궁해진 사원(寺院)은 많은 불사(佛事)를 위(爲)해서 염불(念佛) 화청(和請) 등(等)을 중심(中心)한 건립(建立)패(일종(一種)의 유랑연예단(流浪演藝團))을 조직(組織)하여 대중(大衆)에게 권(勸) 보시(布施)의 자(資)로 삼게 된 것이다.

그러나 이와 같은 일은 당초(當初) 많은 불사(佛事)의 성취(成就)를 위한 어쩔 수 없는 방편(方便)으로 쓰여졌다고 하나 반면(反面) 무질서(無秩序)한 걸량승(乞糧僧)의 속출로 불상(佛象)의 체면(體面)을 손상하게 된 것도 사실인 것이다.

그리하여 불교종단(佛教宗團)에서는 그 본말사법(本末寺法)에서 이의 금지(禁止)를 규정(規定)하여 폐지(廢止)토록 하였으나 원래(元來) 그 발상(發祥)과 발전(發展) 과정(過程)이 대중(大衆)을 바탕으로 하였고 또한 그들의 요구(要求)에 적응(適應)한 것이었기에 한편 불상(佛象)을 떠난 민속(民俗) 가요(歌謠)로 발전(發展)하고 또 한편은 개인(個人)의 요구(要求)에 의(依)한 천도의식(薦度儀式) 등(等)에서는 이들 화청(和請)이 계속 불리어지고 있는 것이다.

융희(隆熙)이년(二年)(1908년) 칠월(七月) 범어사(梵魚寺)에서 화주(化主) 만하(萬夏) 스님 시주(施主) 강재희씨(姜在熙氏)의 천(刊) 행(行)으로 권왕가(勸往歌) 자책가(自責歌) 서왕가(逝往歌) 등(等)이 나왔고 이후(以後) 퇴경(退耕) 권상로(權相老) 선생(先生)도 현행(現行) 석내의범(釋內儀範: 석문의범)48)에서 회심곡(回心曲) 별회심곡(別回心曲) 권왕가(勸往歌) 원적가(圓寂歌) 등(等)을 유포(流布)토록 하였음은 화청(和請) 대중화(大衆化)의 역사적(歷史的) 요청(要請)에 응

---

48) 1935년 안진호에 의해 편찬된 『석문의범』의 서문을 권상로가 작성한 것으로 미뤄 『釋內儀範』은 『석문의범』의 오자(誤字)로 추측한다.

(應)한 것이 아닌가.

원효를 시작으로 신라와 삼국시대, 심지어 고려와 조선을 거치며 전개된 이와 같은 역사적 내용은 의심할 여지가 없는 사실이다. 『화청보고서』는 이를 다음과 같이 정리[49]하여 독자의 이해를 돕고 있다.

> 화청(和請) 연혁(沿革) 개요(槪要)
> ① 신라불교(新羅佛敎)의 대중화(大衆化)
>   원효(元曉)의 무애가(舞碍歌) 혜공(惠空) 혜숙(惠宿)의 가요(歌謠)
> ② 신라(新羅) 염불사상(念佛思想)의 유행(流行)
> ③ 신라(新羅) 향가(鄕歌)의 창작(創作) 전입(轉入)
>   정토사상(淨土思想)이 뒷받침
> ④ 기타(其他) 염불창(念佛唱)의 유행(流行)
> ⑤ 고려초기(高麗初期) 균여(均如)의 십종원왕가(十種願往歌)
> ⑥ 이조시(李朝時)의 염불(念佛) 권장(勸奬)
>   서산대사(西山大師) 이후(以後) 만일회(萬日會) 염불계(念佛契)
> ⑦ 범어사(梵魚寺)의 어산계(魚山契) 및 화청(和請) 책자(冊子) 발간(發刊)
>   1908년 만하(萬夏) 강재희(姜在熙) 거사(居士)의 화주(化主) 및

---

49) 文化財管理局 編著, 『無形文化財調査報告書 第9輯(65號~68號)』, 28쪽.

시주(施主)

⑧ 석내의범(釋內儀範: 석문의범)에 화청(和請) 삽입

하지만 원효의 무애가와 혜공, 혜숙의 가요 그리고 균여의 십종원왕가 등은 엄연히 불교의 가사(歌詞)·가요(歌謠)에 해당하고 1776년(영조 52)에 판각(板刻)된 『염불보권문』(念佛普勸文)과 『신편보권문』(新編普勸文)에 등장하는 서산대사의 회심가(回心歌)도 역시, 불·보살을 청하는 화청이라기보다는 불교의 노래, 불교가요로 인식해야 함이 마땅하다. 더군다나 1908년 범어사에서 출판한 책자에 권왕가·자책가·서왕가 등을 싣고 이후 권상로가 서문을 쓴 『석문의범』에 회심곡·별회심곡·권왕가·원적가 등에 화청이 삽입되었다고 주장50)하고 있지만 이도 역시 불교가곡·가요가 분명하다.51)

다음은 『화청보고서』 본문에 실린 원효의 무애가에 관한 『삼국유사』(三國遺事) 권오(卷五)에 원문52)이다.

사상추옹확후지배 유개식불타지호 함작남무지칭(使桑樞瓮玃猴之輩 膈皆識佛陀之号 咸作南無之稱)

---

50) 文化財管理局 編著, 『無形文化財調査報告書 第9輯(65號~68號)』, 28쪽.

51) 만약, 1935년 당시에 화청이란 명칭이 보편적으로 통용되었다면 『석문의범』에 「화청편」(和請篇)이란 소제목이 등장하지 않았을까? 그러나 『석문의범』엔 분명 회심곡·별회심곡·권왕가·원석가 등을 불교가곡이란 명칭으로 통칭을 부여헤 「가곡편」(歌曲篇)에 실어 소개했다.

52) 文化財管理局 編著, 『無形文化財調査報告書 第9輯(65號~68號)』, 17쪽.

『화청보고서』에 실린 원문 내용을 종합적으로 해석53)해보면 다음과 같은데,

> 원효는 계율을 어기고 설총을 낳은 후부터 속인의 의복으로 바꿔 입고 스스로 소성거사(小姓居士)라 불렸다. 우연히 광대들이 굴리는 큰 박(瓠)을 얻었는데, 그 모양이 기괴하였으므로 그 형상을 따라 도구(道具)를 만들었다. 『화엄경』의 "일체 무애인(無碍人)은 한 번에 생사를 벗어난다."라는 구절을 따서 무애라 이름 짓고, 노래를 지어 세상에 퍼뜨렸다. 일찍이 원효는 이것을 지니고 여러 마을을 돌아다니면서 노래하고 춤을 추며 교화시키고 읊다가 돌아왔다. 그래서 뽕나무 농사짓는 늙은이나 옹기장이, 무지몽매한 무리에게도 모두 불타의 이름을 알리고 나무아미타불을 부르게 했으니 원효의 교화가 컸다고 할 수 있겠다.

내용은 말 그대로 원효가 『화엄경』의 게송에 따라 마을을 돌아다니면서 노래하고 춤을 추며 아미타불을 염송(念誦)하게 했다는 것으로 분명, 불교가요의 효시가 될 만한 내용이나 꼭, 현행 회심곡류 화청의 역사적 시발점의 근거로 제시할 수만은 없어 보인다. 또 다른 관점으로 접근해 보면 부처님과 성현의 명호를 염송하는 정근(精勤)과 같은, 불교의식이 정립하게 된 배경으로도 볼 수도 있기 때문이다. 그러나 불·보살의 강림을 청하는 원래의 목적에 합당한

---

53) 일연 지음·김원중 옮김, 『삼국유사』(서울: 민음사, 2007), 467~68쪽.

화청일 경우, 원효 스님이 "아미타불"을 부르도록 장려했음은 성현의 명호를 부르는 전통화청의 역사적 증거로 충분하다고 여길 수 있다.

다음은 『화청보고서』에서 인용한 삼국유사에 실린 월명사 도솔가의 원문54)의 일부와 전문의 해석55)이다.

경덕왕십구년사월삭 이일병현 협협순불멸 일관주 청연승 작산화공덕즉가양 어시결단어조원전 가행청양루 망연승 시유월명사 행우천맥시지남로 왕사소지 명개단작계 명주운 신승단속어국선지도 지해향가 불한성범 왕왈 기복연승 수용향가가야 명내작도솔가부지 (景德王十九年庚子四月子朔 二日竝現 挾浹旬不滅 日官奏 請緣僧 作散花功德則禳 於是潔壇於朝元殿 駕幸靑陽樓 望緣僧 時有月明師 行于阡陌時之南路 王使召之 命開壇作啓 明奏云 臣僧但屬於國仙之徒 只解鄕歌 不閑聲梵 王曰 旣卜緣僧 雖用鄕歌可也 明乃作兜率歌賦之)

경덕왕 19년 경자년(760년) 4월 초하루에 두 해가 나란히 나타나 열흘이 지나도 사라지지 않았다. 천문을 맡은 관리(日官)가 아뢰었다. "인연 있는 승려를 청하여 산화공덕(散花功德)을 하면 (재앙을) 물리칠 수 있을 것입니다." 그리하여 조원전(朝元殿)에다 깨끗이 단을 만들고 청양루(靑陽樓)에 행차하여 인연 있는 승려가 오기를 기다

---

54) 文化財管理局 編著, 『無形文化財調査報告書 第9輯(65號~68號)』, 17쪽.
55) 일연 지음·김원중 옮김, 『삼국유사』, 543~44쪽.

렸다. 이때 월명사(月明師)가 밭 사이로 난 남쪽 길을 가고 있었는데, 왕이 사람을 보내 그를 불러 단을 열고 기도하는 글을 짓게 했다. 월명사가 말했다. "신승은 국선의 무리에 속하여 단지 향가만을 알 뿐 범성(梵聲)은 익숙하지 못합니다." 왕이 말했다. "이미 인연 있는 승려로 지목되었으니, 향가를 지어도 좋소." 이에 월명사가 「도솔가(兜率歌)」를 지어 불렀는데, 그 내용은 다음과 같다. 「솟아나게 한 꽃아 너는 곧은 마음의 명을 받들어 미륵좌주(彌勒座主)를 모셔라.」 그 시를 해석하면 다음과 같다. 「용루(龍樓)에서 오늘 산화가를 불러 푸른 구름에 한 송이 꽃을 날려 보낸다. 은근하고 곧은 마음이 시키는 것이니 도솔천의 대선가(大仙家)를 멀리서 맞이하리.」 지금도 세속에서는 이 시를 가리켜 「산화가」라고 하는데, 잘못된 것이니 마땅히 「도솔가」라고 해야 한다. 이와 별도로 「산화가」가 있으니, 글이 번잡하여 싣지 않는다.

지금도 대다수의 학자들이 불교의식·음악의 역사성을 증명할 때 인용하는 내용으로서 당시, 범성(梵聲)에 익숙하지 않은 승려가 향가(鄕歌)[56] 즉, 우리나

---

[56] 향가라는 것은 우리 나라에 고유한 노래란 말이고 결코 군현(郡縣)의 노래란 것이 아니다. 향가의 〈향〉은 일체 외국에 대한 자칭으로 써 왔던 것이다. 우리 선인들은 일체 외국을 〈당〉이라고 한데 대하여 자국에 관계되는 것을 〈향〉이라고 하였던 것이다. 그렇기 때문에 그들은 일체 외래 상품에 대하여 〈당황〉, 〈당사기〉, 〈당목〉 등으로 부르는 것에 대하여 일체 국내 산품을 국산이라 할 대신에 향악(鄕樂), 향약(鄕藥), 향어(鄕語) 등 〈향〉으로 부르고 있다. 정렬모, 『향가연구』(서울: 사회과학원출판사, 1999), 5쪽.

라 고유한 노래를 부름으로서 산화공덕을 행했음을 짐작하게 하고 이것은 당시 승려들 사이에선 보편적으로 노래를 지어 부르는 불교가요가 성행했음을 입증하는 것이다.

『화청보고서』에서는 근대에 편찬된『석문의범』에 화청이 실려, 삽입되어 있다고 강조했는데『석문의범』에 실린 화청은 화청이란 명칭으로 실린 것이 아니고 가곡편(歌曲篇)57)을 통해 1930년대 당시, 민중 사이에 보편적으로 성행했던 불교와 관련된 다양한 가곡을 옮긴 것으로 봐야한다. 가곡편에 실린 불교 가곡과 가요를 화청으로 인식하고 있음은 다음에 전하는『화청보고서』, 화청의 특징58)에서 확인할 수 있다.

> 화청(和請)이란 전기(前記) 유래(由來)에서 약간(約干) 그 성격(性格)을 살핀바 있거니와 화청(和請)의 본뜻이 여러 불보살(佛菩薩)을 고루고루 청(請)하여 극락(極樂)에 왕생(往生)하고자 하는 의식적(儀式的)인 뜻을 가진 것인데 다음과 같은 이유(理由)로 음악적(音樂的)인 뜻으로 전용(轉用)되어졌다.
>
> 즉(卽) 불교의식(佛敎儀式)의 내용(內容)이 대부분(大部分) 불보살(佛菩薩)에 대(對)한 찬탄(讚嘆)인바 이를 음악적(音樂的) 내용(內容)으로 다시 분류(分類)하면 범패(梵唄)의 부분(部分)과 화청(和請)의 부분(部分)으로 나누어진다.

---

57) 安震湖 編, 『釋門儀範(下)』(京城: 卍商會, 昭和10), 231~90쪽.
58) 文化財管理局 編著, 『無形文化財調査報告書 第9輯(65號~68號)』, 30쪽.

범패(梵唄)는 그 자체(自體)가 음악적(音樂的) 뜻을 가지나 화청(和請)은 원래(元來) 의식(儀式)의 격식(格式)을 말한 것인데 그 방법(方法)을 음악적(音樂的)으로 하게 되어 음악적(音樂的) 의미(意味)로 전용(轉用)되어졌다.

다시 말하면 화청(和請)이란 의식(儀式)에 쓰는 성악(聲樂)이 통칭(通稱) 화청(和請)이란 이름으로 불리우게 되었는데 이는 막찬(漠讚)인 범패(梵唄)에 대하여 대칭적(對稱的)인 뜻을 갖는다.

(1) 넓은 의미(意味)에서의 화청(和請)

넓은 의미(意味)에서의 화청(和請)은 장가(長歌)의 형식(形式)으로 된 원왕가(願往歌) 자책가(自責歌) 회심곡(回心曲) 등(等)과 기타(其他) 범음성(梵音性)이 아닌 토속적(土俗的)인 염불송(念佛頌)이 모두 화청(和請)의 범주에 속(屬)한다.

(2) 좁은 의미(意味)에서의 화청(和請)

범패성(梵唄聲)이 아닌 장가(長歌) 형식(形式)으로 된 불교가요(佛敎歌謠) 전반(全般)

내용에서는 화청은 본래 의식의 격식을 말하는 것이지만 그 방법으로 음악적인 선율을 가미하고 있기에 음악적인 의미로 전용되었다는 설(說)을 강조하고 토속적인 염불송과 장가 형식으로 된 불교가요 모두를 화청의 범주에 넣고 있다. 이 글은 통해 1969년 불교계에서 인식하는 화청의 정의를 알 수 있으며 당시엔 불교가요의 포괄적인 명칭으로 화청을 사용했었음을 충분히 짐작할 수 있게 한다. 그러나 이는 범패승의 증언 내용에 바탕을 두고 정리된 것임을 다음의 조사경위에 포함된 범패승의 인터뷰자료59)에서 확인할 수 있다.

 화청(和請)에 대한 두 스님들의 이야기를 간추려 보면 대략(大略) 다음과 같다.

 1. 명칭(名稱). 회심곡(回心曲)·별회심곡(別回心曲)·몽환가(夢幻歌)·백발가(白髮歌) 등을 통틀어 화청(和請)이라고 하는데 화청(和請)이란 명칭(名稱)의 그 「화(和)」는 "여러 가지를 종합해서 부르기 때문에 그렇게 부르는 것 같다"는 것이다.

 2. 가사(歌詞). 따라서 화청(和請)의 가사(歌詞)도 일정한 것이 있을 수 없고, 그때그때 정상을 참작(參酌)해서 부르면 된다는 것이다. 이러한 「화이창(和而唱)」의 성격을 띤 화청(和請)의 원본적(原本的)인 것으로 그들은 석문의범(釋門儀範)에 수록된 회심곡(回心曲)·별회심곡(別回心曲)·백발가(白髮歌)·몽환가(夢幻歌) 등을 들고 잇다. 이 가운데서도 별회심곡(別回心曲)을 가장 대표적(代表的)인 것으로 칠 수 있다는 것이다.

 3. 곡(曲). 화청(和請)을 치는 가락도 일정(一定)한 것이 있다고 할 수 없음은 물론(勿論)이다. 다만, 가사(歌詞)의 내용(內容)에 따라, 다시 말하면 (1)지장보살(地藏菩薩) (2)도명존자(道明尊者) (3)십대왕

---

59) 文化財管理局 編著, 『無形文化財調査報告書 第9輯(65號~68號)』, 62~64쪽.

(十大王) (4)지옥사자(地獄使者) (5)정근(精勤) 등이 나오는 대목에서 약간 가락을 바꾸어 부른다는 것이다.

4. 용처(用處). 불가(佛家)의 재(齋)는 크게 (1)상주권공(常主勸供) (2)대례왕공(大禮王供) (3)영산(靈山) 및 식당작법(食堂作法) (4)예수(豫水) (5)수륙(水陸)의 다섯 가지로 나눌 수 있는데 이 중에서 화청(和請)이 쓰이는 곳은 (2)의 대례왕공(大禮王供)이며 (1)과 (3)에서 부를 경우도 있다 한다.

5. 기구(器具). 화청(和請)을 칠 때는 주로 광세·징·소고(小鼓) 등이 사용되며, 재(齋)를 지내는 도중에 침으로 가사(架婆)를 정제하고 있을 것은 물을 필요가 없다.

6. 기타(其他). 화청(和請)의 역사적인 것에 대해서는 아는 바가 없다 하며, 일반적으로 스님들로서는 그것 부르기를 피한다 한다. 그것은 화청(和請)이 소위 동냥승(棟梁僧)들로 말미암아 나쁜 인상을 받아온 때문이라 한다.

이상이 대개 두 스님이 말하는 화청(和請)에 대한 소개인데, 이로부터 우리는 화청(和請)이 본래 아주 자유로운(화(和)적인) 성격을 띤 것임을 알 수 있겠다. 이러한 성격은 화청(和請)이 엄격한 규제를 본질로 하는 고전적(古典的)인 어산(魚山) 류(類)의 범패(梵唄)와 구별되는 큰 특징의 하나라고 하겠으며 그것은 또한 화청(和請)이 다양한 가사(歌詞)와 가락을 발전시킬 수 있던 근본 원인이었다고도 할 수 있을 것이다.

그리고 화청(和請)은 본래 지장보살(地藏菩薩)과 관련(關聯)된 의식(儀式)과 깊은 관계(關係)를 맺고 있으며 그 여러 가사(歌詞) 중에서도 회심곡(回心曲)을 대표적(代表的)인 것으로 볼 수 있을 것 같다. 따라서 화청(和請)의 비교조사(比較調査)를 위해서는 회심곡(回心曲)을 기준으로 해도 좋을 것이 느껴졌다.

당시, 인터뷰에 응한 주인공은 박송암 스님과 장벽응 스님이다. 그리고 이 내용은 현재까지도 화청에 대해 범패승들이 갖고 있는 보편적인 인식일 만큼 화청의 정설(定說)로 통한다.[60] 그러나 이는 박송암 스님과 장벽응 스님의 지극히 개인적인 생각은 아니었는지 의심해 봐야 한다.

첫째, 회심곡·별회심곡과 같이 당시에 성행하던 불교가요를 포괄하여 화청이라 한 점은 이미, 두 스님 이전부터 보편적으로 불교가요를 흔히 화청으로 인식하고 있었던 것으로 짐작하게 한다.

둘째, 「화(和)」와 「청(請)」을 "여러 가사를 종합해서 부르기 때문"이리 한 점은 노래를 부르는 것인지 불·보살을 부르는 것인지 명확하지 않다. 다만, 정의를 설명하기에 앞서 회심곡과 같은 불교가요의 명칭을 언급하고 있었던 점으로 미뤄볼 때 이때의 「청(請)」은 '성현을 청하는 것'이 아닌 '노래를 부르는 것'으로 인지하고 있었던 것으로 보인다.

그러나 「청(請)」이란, 전개 내용에 따라 '어떤 대상을 부르는 것'일 수도 있고 '노래를 부르는 것'으로 해석되어질 수 있음에도 두 스님 모두, "(회심곡·별

---

60) 범패승인 필자도 지금까지 스승인 영산재 보유자 구해 스님께 이렇게 배웠다. 참고로 필자는 박송암 스님의 손상좌(孫上佐)이다.

회심곡·몽환가·백발가 등) 여러 가지를 종합해서 부르기 때문"이라고 증언하고 조사자는 이를 있는 그대로 옮김으로서 결국, 화청이 다양한 불교가요를 섞어 부르는 것으로 인식하게 된 것으로 보인다. 그리고 범패승의 증언을 수용해 보고서에 옮긴 영향으로 인해 화청은 우리말로 구성된 불교가곡·가요를 포괄하는 명칭으로 전해졌을 가능성이 크다. 특히, 화청에는 일정한 가사나 가락이 있을 수 없고, 그때그때 정상을 참작해서 적당히 종합해서 부르면 그만이라는 증언을 앞세워 「화청(和請)」이라 한다는 『화청보고서』의 조사결과61)는 당시, 범패승의 개인적인 견해를 그대로 수용한 결과로 볼 수 있다.

셋째, 화청을 치는 가락(가사)은 일정하지 않지만 지장보살·도명존자·십대왕·지옥사자·정근 등이 나오는 대목에서 약간씩 변형한다고 했는데, 가사를 살펴보면 성현의 명호가 등장하도록 가사를 개작하여 염송하는 것으로 볼 수 있고 이것은 창자의 개작형태에 따라 얼마든지 변화가 가능한 것으로 보인다.

넷째, 화청의 원본이 『석문의범』 가곡편에 실린 다양한 가곡이라 한 점은 그들 스스로 화청은 곧 불교가요인 것을 증명하고자 했던 것으로 비춰지고 다섯째, 화청을 예수재와 수륙재를 제외한 대례왕공을 비롯한 상주권공과 영산에 행할 수 있다한 점 등은 보편적으로 당시, 현장에서 화청을 설행하는 경험을 전한 것으로 보인다.

특히, 화청의 원본이 『석문의범』의 가곡편에 실린 것을 중심으로 전개되고 있었음은 다음의 내용62)에서도 확인할 수 있는데,

---

61) 文化財管理局 編著, 『無形文化財調査報告書 第9輯(65號~68號)』, 72쪽.

누구나 석문의범(釋門儀範)의 가사(歌詞)만 주면 곧 부를 수가 있을 만큼 화청(和請) 가락은 아주 평이한 것이기도 하다.

따라서 우리의 조사 범위(範圍)는 차츰 한정되고 뚜렷해짐을 느꼈다. 경기조(京畿調) 어산(魚山)의 본고장이 서울이듯이 경기(京畿) 일대의 화청(和請) 조사도 서울부근에 한정해서 별로 부족할 것이 없을 것 같았다. 그리고 그것도 석문의범(釋門儀範)의 범위(範圍)를 못 벗어나는 것을 제외할 땐 저절로 범위(範圍)가 줄어드는 것이다.

이는『석문의범』에 실린 가곡편의 내용이 당시 유행하던 화청 원문의 중심이었음을 입증하는 것이고 다른 지방도 결국, 이 범주에서 벗어나지 못하고 있음을 시사하고 있는 것으로 대중적으로 화청이 보급 된 배경엔『석문의범』의 영향이 지대했음을 짐작하게 한다. 그러나『석문의범』에 실린 불교가요를 화청이란 명칭으로 행하던 당시 상황에서도 화청 일인자로 추앙받고 있던 이경협 스님은 가사를 나름대로 개작(改作)하여 행했던 것으로 전해지는데 이는『화청보고서』이 실린 이경협 스님의 활동 내역[63]을 통해서 확인할 수 있다.

그러나 스님의 노-트를 통해 그 내용을 볼 수 있었으니, 거기 수록된 것으로 중요한 것은 반회심곡(半回心曲) · 육갑(六甲) · 팔상(八相) · 부모은중경(父母恩重經) 등이었다.

---

62) 文化財管理局 編著,『無形文化財調査報告書 第9輯(65號~68號)』, 64~65쪽.
63) 文化財管理局 編著,『無形文化財調査報告書 第9輯(65號~68號)』, 66쪽.

반회심곡(半回心曲)이란, 종래의 회심곡(回心曲)이 너무 길어 지루한 감이 있으므로, 그것을 줄여 새로 편찬했으므로 그렇게 이름 붙였다 한다. 육갑(六甲)은 저승의 십왕(十王)과 거기에 매힌 육갑(六甲)을 소재로 새로 창작(創作)한 것이며, 팔상(八相)은 석가무니 부처님의 일대행적(一代行蹟)을 화청화(和請化)한 것으로 이를 위해 여러 경전을 참고하지 않을 수 없었다 한다.

녹음(錄音)을 부탁드리니, 반회심곡(半回心曲) · 축원화청(祝願和請) 그리고 육갑(六甲)의 일부를 넣어 주신다.

흔히, 화청의 종류로 구분되는 반회심곡 · 육갑 · 팔상 등은 이경협 스님에 의해 새롭게 개작된 것이다. 이는 불교가요가 특정한 가사의 형태를 유지한 것이 아니라 개인에 따라 얼마든지 새롭게 지어 노래할 수 있음을 보여주는 것으로 이는 윤동하 스님과 김혜경 스님의 인터뷰 내용[64]에서도 확인할 수 있는데 특이할 만한 것은 이 두 스님은 화청이란 명칭을 대신 풀이체염불 · 고사선염불 · 사원덕담이란 구체적인 불교가요의 명칭으로 내용을 설명했다.

우리는 윤동화(尹東華) 스님이 소개하는 소위(풀이체)의 염불(念佛)에 대해서도 관심을 안 가질 수 없었다. 그러나 장소가 장소였던 만큼 후일을 약속(約束)하고 청량사(淸凉寺)를 물러 나왔다.

(… 중략 …)

스님은 그런 종류(種類)의 염불(念佛)을 「고사선염불(告祀先念佛)」

---

64) 文化財管理局 編著, 『無形文化財調査報告書 第9輯(65號~68號)』, 69~70쪽.

또는 「사원덕담(祀願德談)」이라는 이름으로 부르고 계셨다. 고사선염불(告祀先念佛)이라는 것은 토속신앙적(土俗信仰的)인 고사(告祀)를 지낼 때 먼저 그것부터 부르기 때문이라 한다. 여기서 우리는 불교음악(佛敎音樂)은 범패(梵唄)로부터 심지어는 이런 고사선염불(告祀先念佛)에 이르기까지 모두가 어떤 제식(祭式)과 관계(關係)를 맺고 있음을 알 수 있었다. 그것을 사원덕담(祀願德談)이라고 부르기도 하는데 그 이유는 가사(歌詞)가 주로 권선징악(勸善懲惡)의 내용(內容)을 갖고 있기 때문이라 한다. 이 고사선염불(告祀先念佛)이야 말로 실로「삼불중」또는 탁발중 들의 전용 염불(念佛)로서, 스님들은 전혀 배우려 않는다는 것이다.

여기에서 한 가지 짚고 넘어가야 할 것은 당시 활동하던 모든 범패승이 불교가요를 화청이란 명칭으로 통용하고 있지 않았음이다. 포괄적인 개념의 화청이 아닌, 각각의 노래마다 가곡명(歌曲名)·가요명(歌謠名)이 따로 존재하고 있었고 이를 윤동하 스님과 김혜경 스님이 올바르게 설명했던 것으로 보인다. 노래마다 고유한 명칭을 사용했다는 것은 당시 불교계에선 화청을 불교가요의 통칭으로 여기지 않고 있었음을 시사한다. 더군다나 대다수의 승려가 탁발중의 소리란 이유로 배우길 꺼려했다는 것은 그만큼 화청을 행하는 자가 극소수였음을 의미한다. 결국, 우리말로 행하는 회심곡류 불교가요가 화청이란 명칭으로 통용된 것은 『화청보고서』의 조사자가 몇몇 범패승의 견해를 수용하여 그대로 옮겼다는 것 외엔 달리 설명할 방법이 없다.

『화청보고서』의 결론엔 우리말로 된 모든 불교가요와 의식음악 그리고 평염불과 고사선염불도 화청에 포함시킬 것을 제안하고 있다.

　　국악(國樂)의 살풀이 성주풀이 등은 고사선염불(告祀先念佛)의 일종(一種)임에 틀림없다. 화청(和請)의「화(和)적인」성질은 많은 이종이형(異種異形)을 발달(發達)시킬 바탕을 갖고 있다. 따라서 한문가사(漢文歌詞)로 된 범패(梵唄)에 대해서 우리말 가사(歌詞)로 된 불교(佛敎) 의식음악(儀式音樂)을 통틀어 화청(和請)이라고 부를 수는 없을까. 그럴 경우 평염불(平念佛)뿐만 아니라 고사선염불(告祀先念佛)도 화청(和請)에 포함시킬 수 있다. 단조롭던 화청(和請)에 다양한 가사와 가락을 가져온 것은 평염불(平念佛)과 고사선염불(告祀先念佛)이다. 이들을 발달시킨 것은 동량승(棟梁僧)들로서, 그들의 예술적인 독창성은 높이 평가(評價)해야 할 것이다.

　　이처럼 불교의 포용사상에 근거해 우리말로 된 불교가요 모두를 화청이란 명칭으로 사용할 것을 제안했는데 이후, 이 제안은 정설로 자리 잡아 현재에 이르게 되었다. 이와 같은 배경에는 중요문화재 지정이 큰 몫을 한 것으로 보이는데,

　　없어져 가는 화청(和請)을 보존하기 위해서는 어느 한 개인을 지정하여 그것의 보존을 꾀할 수도 있다. 그러나 그런 방법은 화청을 간신히 보존만 하려는 소극적인 태도에 불과하다. 또한 화청에 관한 한, 그 전 분야에 걸쳐 그럴만한 대가(大家)도 발견되지 않았다. 따라서 그런 소극적인 방법을 지양하여, 화청(和請)의 보존

발전을 어떤 전문적인 단체나 기구(機構)에게 위촉(委囑)함이 나을 것 같다. 가령 예를 들면 옥천범음회(玉泉梵音會)는 현재(現在) 범패(梵唄)만을 전수하고 있지만 그런 단체에 화청(和請)의 보존 발전을 의뢰할 수도 있지 않을까. 우리들이 만난 어장(魚丈)들의 대부분은 옥천범음회(玉泉梵音會)에 관여하고 있었다.

내용에서처럼 화청의 보존을 위해서는 옥천범음회에 일임하여 보존·발전시킴이 올바를 것으로 판단, 이를 문공부에 추천하기에 이르고 이후 3년이 지난, 1973년 『화청보고서』 완성에 결정적인 역할을 했던 박송암 스님과 장벽응 스님은 중요무형문화재 제50호 범패(梵唄)부분 보유자로 각각 지정되었다. 두 스님은 근대, 최고의 범패승으로 명성을 날리며 30여 년간 많은 후학들을 양성, 불교의식 발전에 지대한 영향을 미쳤다. 물론 화청에 관해서는 『화청보고서』에 내용 그대로를 전수했음을 의심할 여지가 없다.[65]

현장에서도 우리말로 된 유일한 의식으로 평가받는 화청은 수많은 범패승이 우선적으로 배우고 싶은 장르로 자리 잡게 되었고 비록, 스승에게 직접 배우지 않고 혼자 익혔더라도 현장에서 설행하는 것만으로도 대단한 자부심을 갖기 시작하였다. 물론, 불교계 내부에선 화청이 동량승·탁발승의 전유물이었다고 인식하고 있었지만 참여한 신도들의 호응이 좋았기에 취지의 옳고 그름을 떠나 크고 작은 모든 재 의식에서 회심곡류 화청을 당연히 설행하는 것

---

[65] 박송암 스님의 법상좌 현) 영산재보유자 구해 스님을 비롯하여 조계종 어산어장 동주 스님 그 외 현재 활동하는 모든 범패승은 한결같이 『화청보고서』의 내용을 일관되게 주장하고 있다. 물론, 필자도 구해 스님으로부터 그렇게 배웠다.

으로 받아들였다.

　1969년 완성된 『보고서』의 내용이 2010년, 현재까지 유지될 수 있었던 배경이 바로 여기에 있고 이를 근거로 학자들이 연구해온 것도 사실이다. 그러나 불교 의식·의례에서 설행해온 화청이 우리가 알고 있는 회심곡류 불교 가요였을까? 그 해답은 다음 장에 있다.

3. 새롭게 정립하는 화청의 정의와 내용

　화청을 온전히 이해하고 설행하기 위해서는 화청의 올바른 정의를 다시 한 번 깊게 고민하여 정립하여야 한다. 이미 살폈듯이 『화청보고서』에서 전하는 화청은 다음과 같이 당시의 활동하던 범패승의 증언을 통해 완성되어졌다.

> 1. 명칭(名稱). 회심곡(回心曲)·별회심곡(別回心曲)·몽환가(夢幻歌)·백발가(白髮歌) 등을 통틀어 화청(和請)이라고 하는데 화청(和請)이란 명칭(名稱)의 그「화(和)」는 "여러 가지를 종합해서 부르기 때문에 그렇게 부르는 것 같다"는 것이다.[66]

　앞 장에서 언급했듯이 당시의 범패승은 '다양한 불교가요를 종합해서 노래하기' 때문에 화청이라 하는 것으로 여기고 있었고 조사자 역시 이를 수용하여

---

66) 文化財管理局 編著, 『無形文化財調査報告書 第9輯(65號~68號)』, 62쪽.

다음과 같은 서술67)을 통해 결론68)을 이끌어 내었다.

> 이러한 성격은 화청(和請)이 엄격한 규제를 본질로 하는 고전적(古典的)인 어산(魚山) 류(類)의 범패(梵唄)와 구별되는 큰 특징의 하나라고 하겠으며 그것은 또한 화청(和請)이 다양한 가사(歌詞)와 가락을 발전시킬 수 있던 근본 원인이었다고도 할 수 있을 것이다.
> (… 중략 …)
> 그 여러 가사(歌詞) 중에서도 회심곡(回心曲)을 대표적(代表的)인 것으로 볼 수 있을 것 같다. 따라서 화청(和請)의 비교조사(比較調査)를 위해서는 회심곡(回心曲)을 기준으로 해도 좋을 것이 느껴졌다.
>
> 다시 말하면 화청(和請)에는 일정(一定)한 가나나 가락이 있을 수 없고, 그때그때 정상을 짐작해서 적당히 종합해서 부르면 그만이라는 것이다. 그러기에 그것을 「화청(和請)」이라 한다는 것이다. 범패(梵唄)는 엄격(嚴格)한 규칙(規則)이 있어서 그것을 조금도 범할 수 없다. 이에 대해 화청(和請)이 저와 같이 자유(自由)로운, 다시 말하면 (화(和))적인 성격을 띠고 있다는 것은 화청(和請)이 범패(梵唄)로부터 구별되는 또 하나의 특성이라 할 것이다.

---

67) 文化財管理局 編著, 『無形文化財調査報告書 第9輯(65號~68號)』, 63~64쪽.
68) 文化財管理局 編著, 『無形文化財調査報告書 第9輯(65號~68號)』, 72~73쪽.

내용을 있는 그대로 받아들여보면, 조사를 시작할 당시만 해도 화청을 행하는 일부 범패승들이 비록 화청(和請)에 대한 인식(認識)이 잘못이 있다 하더라도 그런 잘못은 오히려 화청(和請)의 역사적(歷史的)인 변천(變遷)과정에 대해 중요한 자료를 제공해 줄 수 있을 것으로 여겼지만 결국, 결론에 이르러서는 화청이 다양한 불교가요를 자유롭게 개작하여 부르는, 불교 음악으로 받아들였던 것으로 보인다.

더군다나 『화청보고서』에 조선후기 화청(和請)·무고(舞鼓)의 폐지(廢止)와 건립(建立)패의 화청(和請)이란 제목으로 『조선불교통사』의 「화청고무신식폐지」(和請鼓舞新式廢止)의 내용을 옮김으로, 불교의 포교방편으로 쓰였던 화청이 이미 오래전부터 우리말로 된 불교가요의 통칭으로 사용되어 전해진 것처럼 기술하고 화청이 일제의 사찰령(寺刹令)[69]으로 인해 사라진 것 같은 오해

---

[69] 1911년 6월 3일에 제정·반포되었으며, 그해 7월 8일에 사찰령시행규칙(寺刹令施行規則)이 공포되었다. '사찰령'은 전문 7조와 부칙으로 되어 있으며, '시행규칙'은 전문 8조와 부칙으로 되어 있다. 제1조는 사찰을 병합(倂合), 이전(移轉) 또는 폐지하고자 할 때 조선총독부의 허가를 받아야 한다고 규정함으로써 사찰 전체를 통제하고자 했다. 제2조는 사찰의 기지(基址)와 가람(伽藍)은 지방장관의 허가를 받지 않고는 전법(傳法), 포교(布敎), 법요집행(法要執行)을 할 수 없다고 규정함으로써 종교활동 자체를 통제했다. 제3조는 사찰의 본말(本末)관계, 승규(僧規), 법식(法式) 등의 사법(寺法)을 각 본사(本寺)에서 제정하도록 했고, 또한 조선총독의 허가를 받아야만 한다고 규정했다. 제4조는 각 사찰에 주지를 두어야만 한다고 규정함으로써 주지제(住持制)를 통하여 각 사찰의 재산과 종교활동을 통제하고자 하는 조치였다. 제5조는 각 사찰에 소속되어 있는 토지(土地)·산림(山林)·건물(建物)·불상(佛像)·석물(石物)·고문서(古文書)·고서화(古書畵) 등의 귀중품을 조선총독의 허가를 받아야만 처분할 수 있다고 규정했다. 제6조는 위의 규정사항을 지키지 않을 경우의 처벌조항을 마련함으로써 한

를 불러오도록 했다. 『화청보고서』 본문70)을 옮기면 다음과 같다.

1. 화청(和請) 무고(舞鼓) 폐지(廢止)

각본말사법 제칠장 법식작법각준 종래거행지청규 단화청 고무라 무작법무등 일체폐파상현왈 안신라 진감국사위아해동 범패지 자시 이후 전전상승 음성도인 역부소의 유차일도 경산위성 경산법려 불무 선청 이유범창시상 범음집일권위십년지공부 범유법식지시 타고명 라작시풍무 우창 범가유구화청 차소위 화청무고라무작법 무자시야 거지작법 이열단시 비단경산 조선사찰 병개행지이범패지선자 추경 산승위종의 자사법시행이래 일체폐지 화청무고(各本末寺法 第七章 法式作法恪遵 從來擧行之淸規 但和請 鼓舞鑼舞作法舞等 一切廢罷尙玄日 按新羅 眞鑑國師爲我海東 梵唄之 自是以後 輾轉相承 音聲度人 亦不少矣 惟此日道 京山爲盛 京山法侶 不務禪請 而惟梵唱是尙 梵音集一卷爲十年之 工夫 凡有法式之時 打鼓鳴鑼作施風舞 又唱 梵歌悠求和請 此所謂 和請舞鼓 鑼舞作法 舞者是也 去之作法 以悅壇施 非但京山 朝鮮寺刹 並皆行之而梵 唄之善者 推京山僧爲宗矣 自寺法施行以來一切廢止 和請舞鼓)

수불아관 고소당금수연어산조 역수지이작광릉산 시가석야(殊不雅 觀 固所當禁雖然魚山調 亦隨之而作廣陵散 是可惜也) 불교통사(佛敎通史)

국불교의 자율성을 노골적으로 침해했다. 『한국민족문화대백과사전 11』(성남: 한국 정신문화연구원, 1997), 29쪽.
70) 文化財管理局 編著, 『無形文化財調査報告書 第9輯(65號~68號)』, 25~26쪽.

2. 건립(建立)패의 화청(和請)

전기(前記)한 탁발승(托鉢僧)이 개인적(個人的)인 걸량행각(乞粮行脚)을 하였다면 건립(建立)패(일명(一名) 걸량(乞粮))은 단체행위(團體行脚)를 한 이들도 역시(亦是) 가무(歌舞) 법라(法螺) 희학(戱謔) 등을 하면서 권(勸) 시주행위(施主行脚)를 하였는데 이때의 가악(歌樂)이 화청(和請)과 동류(同類)의 가요(歌謠)이었다.

조선승가종고이래 유전일종행각화지법 여일사찰피재소탕 모욕건립 시취군승다 지오육십인불등 작일단파 위지건립역운 군중파 역운금고 이기고진금퇴 일여군법고명 선무용자 선타법고자 선창법라 선희학자 선서기자 명유명왈 즉운화주 고년포오 화룡 무룡등 편행려리급제사찰 차제모연 고승석덕 개악위지례 여금강산지우은화상「유점사 중창화주야사재사모연중건미급 락성이우재사우재건지」퇴운선사「사십년영불출산지강승야」역영위화용마 미지지법출자하시「의즉출자 서산 사명승군 이래이지우 근년 역개자폐의」

(朝鮮僧家從古以來 遺傳一種行脚化之法 如一寺刹被災掃蕩 謀欲建立 時聚群僧多 至五六十人不等 作一團派 謂之建立亦云 群衆派 亦云金鼓 以其鼓進金退 一如軍法故名 善舞踊者 善打法鼓者 善唱法螺 善戱謔者 善書記者 名有名曰 卽云化主 鼓年砲午 花龍 舞龍等 徧行閭里及諸寺刹 次第募緣 高僧碩德 皆樂爲之例 如金剛山之愚隱和尙「楡岾寺 重創化主也寺災師募緣重建未及 落成而又災師又再建之」退雲禪師「四十年影不出山之講僧也」亦營爲花龍馬 未知地法出自何時「疑卽出自 西山 泗溟僧軍 以來而至于 近年

亦皆自廢矣」불교통사(佛敎通史)

위 내용의 우리말 해석71)은 다음과 같다.

<u>새로운 법회의식에서 화청·고무 등을 폐지하다</u>

각 본·말사법7장(법식)을 살펴보면, 법회 의식의 방법은 종래에 거행하던 청규를 따른다. 다만, 화청(和請)·고무(鼓舞)·바라무(鑼舞)·작법무(作法舞) 등은 일체 폐지한다.(각본말사법제칠장(법식) 법식작법. 각준종래거행지청규. 단화청고무나무작법무등. 일체폐파.(各本末寺法第七章(法式)法式作法. 恪遵從來擧行之淸規. 但和請鼓舞鑼舞作法舞等. 一切廢罷.)

상현은 말한다.
살펴보건대, 신라 <u>진감국사(眞鑑國師)는 우리 해동 범패(梵唄)의 조사</u>이다. 그로부터 어렵사리 이어져 내려와 음성으로 많은 사람들을 제도한 것이 또한 적지 않았다. 생각하건대 오직 이 도(道)는 <u>서울 근처 산중(京中)에서 번성하였는데, 서울 근처 산중에 있는 승려는 참선과 강설에는 힘쓰지 않고 오직 범패만을 숭상하여『범음집』</u>(梵音

---

71) 조선불교통사역주편찬위원회 역,『역주 조선불교통사 6』(서울: 동국대학교출판부, 2010), 454~55쪽.

集) 1권을 10년 동안 공부하였다.

　무릇 법회 의식이 있을 때에는 장구를 치고 징을 울리며 작법무를 추면서 빙빙 돌고 또한 범가(梵歌)를 유유히 맑고 고른 소리로 부드럽게 부른다. 이것이 이른바 화청·고무·바라무·작법무라는 것이다. 대개 이 법식을 행하는 것은 시주자들을 기쁘게 하기 위해서였으니, 서울 근처 산중뿐만 아니라 조선의 사찰에서는 모두 이를 행하였는데, 범패를 잘하는 이로는 서울 근처 산중의 승려를 으뜸으로 친다. 그러나 사법이 시행된 이후로는 일체 폐지되었다. 화청·고무는 전혀 우아하게 보이지 않으므로 꼭 금지하는 것이 마땅하지만, 어산조(魚山調)도 그것을 따라서 「광릉산」(廣陵散)으로 하는 것을 애석한 일이다.

　조선 승가에서는 옛날부터 일종의 자기 행화의 방법이 전해져 오고 있었다. 예를 들면 사찰이 재난을 입어 모두 사라져 버리면, 어떤 이가 사찰을 건립하려고 승려들의 무리를 모으기도 한다. 이들은 많으면 5, 60명 정도에 이르는 등 그 수가 일정치 않은데, 하나의 단체나 파를 만든다. 그들을 '건립'(建立)이라고 하고 또 '군중파'(群衆派)라고도 하며, '금고'(金鼓)라고도 한다. 북소리에 앞으로 나아가고 쇠소리에 물러나는 것이 마치 군법(軍法)처럼 일사불란하기 때문에 그렇게 부르는 것이다.

　춤을 잘 추는 사람, 법고를 잘 치는 사람, 법라(法螺)를 잘 울리는 사람, 실없는 농지거리를 잘하는 사람, 기록을 잘하는 사람 등 각자 명목이 있으니 화주(化主)·고수(鼓手)·포수(砲手)·화동(花童)·무동(舞童) 등이라고 부른다. 이들이 여염집과 온 사찰을 골고루 돌아다니며 차례대로 모연(募緣)을 한다. 고승·대덕들도 이런 일 하기를 즐기는데, 예를 들면 금강산의 우은달선(愚隱達善)화상(유점사의 중창 화주이다. 절이 불타고서 스님이 모연하여 중건하였는데 낙성하기도 전에 또 재난을 입었지만 스님이 또 다시 재건하였다.)과 퇴운(退雲)선사(40년 동안 그림자조차 금강산 밖으로 나가지 않았던, 경전을 강설하던 스님이다.)도 일찍이 화동 노릇을 한 적이 있었다. 이러한 것들이 어느 때부터(서산과 사명대사의 승군이후가 아닐까 생각한다.) 시작되었는지 모르지만, 근년에 모두 저절로 사라졌다.

이 내용을 살펴보면 다음과 같이 이해할 수 있는데 먼저, 진감국사로부터 이 땅에 전파된 범패는 수많은 사람을 제도하며 전해졌고 이능화에 의해 『조선불교통사』가 기술될 당시, 1918년에 이르러는 서울을 중심으로 번성하였음을 짐작할 수 있다. 그리고 당시 승려들은 참선 수행과 강설보다는 오직, 범패만을 숭상하여 『범음집』(범음산보집)을 무려 10년 이상 공부한 것으로 들어난다. 특히, 범패를 공부한 승려에 의해 의식이 진행될 때는 장구와 징 등을 연주하며 작법무를 행하였고 범가(범패)는 맑고 고른 부드러운 소리를 지닌 것으로 평가하였는데 범패에 포함된 이것을 "화청·고무·바라무·작법무"라 하였다.

이는 이능화 자신이, 화청을 범패의 일부분인 것으로 여기고 있었음을 보여주는 것으로 화청을 범패의 상대적인 개념으로 접근한 『화청보고서』의 그것과는 확연히 다른 해석으로 볼 수 있다. 그러므로 『조선불교통사』에서 전하는 화청은 범패에 속해있는 화청으로 보는 것이 마땅해 보인다.

그러나 이능화는 범패에 속해 있는 화청과 고무를 "전혀 우아해 보이지 않으므로 꼭 금지하는 것이 옳다"는 견해를 밝혔는데 이를 두고 이후, 『화청보고서』에서 회심곡류 화청을 행했을 것으로 추정하는 동량승과 탁발승이 사회에 악영향을 주었기 때문에 화청을 행하는 것 자체가 금지된 것처럼 평가하였다.

하지만 필자는 이능화를 비롯한 당시, 한용운·권상로·백용성 등, 많은 지식층이 불교개혁의 필요성을 주장하고 있었음을 주목하고 개혁의 필요성을 요구했던 대표적인 승려인 한용운이 1910년, 『조선불교유신론』(朝鮮佛敎維新論), 「론폐염불당」(論廢念佛堂)에서 다음과 견해72)를 밝혔기에 이능화가 동량승이나 탁발승과는 무관하게 화청과 고무의 폐지를 찬성했을 것으로 보고 있다.

> 지금 내가 말하는 것은, 중생들의 거짓 염불을 폐지하고 참다운 염불을 닦게 하겠다는 취지에서 말을 하는 것이다. 그러면 거짓 염불이란 무엇인가. 지금의 이르는바 염불을 말함이니 부처님의 이름을 부르는 것이 이것이다. 참다운 염불이란 무엇인가. 부처님의 마음을 염하여 나도 이것을 마음으로 하고, 부처님의 배움을 염하여 나도 이것을 배우고, 부처님의 행(行)을 염하여 나로 이것을 행해서, 비록 일어(一語)·일묵(一默)·일정(一靜)·일동(一動)이라도 염하지 않음이 없어서 그 진가(眞假)와 권실(權實)을 가려 내가 참으로 이것을 소유한

---

72) 이원섭 옮김, 『조선불교유신론』(서울: 운주사, 2007), 60쪽.

다면 이것이 참다운 염불인 것이다. 그러므로 참다운 염불이 아님을 두려워하여 이를 폐지하자고 주장하는 것은 거짓된 염불의 모임을 겨냥한 발언일 뿐이다. 동일한 불성을 지닌 엄연한 7척의 몸으로 <u>대낮이나 밝은 밤에 모여 앉아 찢어진 북을 치고 굳은 쇳조각을 두드려가며 의미 없는 소리로 대답도 없는 이름을 졸음 오는 속에서 부르고 있으니</u>, 이는 과연 무슨 짓일까. 이를 가리켜 염불이라 하다니, 어찌도 그리 어두운 것이랴.

당시, 한용운의 눈에 비친 염불승의 모습은 거짓된 모습으로 북과 징 등을 연주하며 불·보살의 명호를 염송하는, 지극한 마음은 찾아볼 수 없이 북과 징을 요란하게 연주하며 입으로만 부처님의 강림을 외고 있는 염불승의 모습으로 비춰진다. 그래서 한용운은 그 본질이 거짓임을 질타하며 염불당을 폐지함이 마땅하다고 주장했다. 만약, 당시의 염불승이 범패에 속한 화청도 이와 같은 모습으로 행했다면 그리고 그것을 이능화가 접했다면 이능화도 역시, 화청을 폐지해야 한다고 하지 않았을까. 필자는 동시대에 불교개혁을 위해 활동했던 이능화 역시, 화청을 바라보는 시각은 한용운이 염불을 바라보던 시각과 차이가 없었을 것으로 본다. 그렇기에 동량승과 탁발승의 사회적 활동과는 무관하게 이능화 자신이 나름대로의 신념에 따라 화청과 고무의 폐지를 찬성했던 것으로 추정한다.

건립승의 활동 내역은 사찰의 재정에 도움을 주기 위해 자발적으로 단체나 파를 형성해 모연을 한 것은 틀림없는 사실이라도 그들이, 『화청보고서』에서 주장하는 회심곡과 같은 화청을 행했다는 근거는 찾아볼 수 없다. 오히려 범패에 포함된 범가 등의 소리와 악기 연주가 동반된 작법무·고무 등을 행했던 것으로 보여 지며 설사, 범패가 아니었더라도 우리말로 된 사찰덕담 즉, 앞장에서 윤동하 스님과 김혜경 스님의 증언처럼 풀이체염불·평염불 혹은 고사선염불의 명칭으로 전해진 불교가요였을 가능성이 높다.[73]

특히, 필자는 여기에서 말하는 화청이 『화청보고서』에서 말하는 우리말로 된 화청이 아닌 한문으로 된 범패에 포함된 화청이었을 것으로 확신하는데 이는 바로 『범음집』과 같은, 조선시대에 간행된 수많은 의식집(儀式集)에 한문으로 이뤄진, 범패에 포함할 수 있는 화청을 확인했기 때문이다. 또한 범패에 포함된 화청이 수륙재, 대례왕공, 예수재 등의 재 의식에 따라 가사를 달리하고 있음도 분명, 확인했다.

(1) 수륙재의 화청

『조선불교통사』에서 언급한 『범음집』으로 알려진 의식집이 정확히 어떤 의식집을 가리키는 것인지 확인할 수는 없다.[74] 다만, 『범음집』이란 책명으로 전해지고 있는 『산보범음집』(刪補梵音集: 1713)·『오종범음집』(五鍾梵音集: 1661)·『천지명양수륙재의범음산보집』(天地冥陽水陸齋儀梵音刪補集: 1721)·『자기산보문』(仔

---

[73] 『화청보고서』에는 평염불·풀이체염불·고사선염불 등을 모두 포함시켜 한문으로 이뤄진 범패에 상응하는, 우리말로 된 모든 불교가요의 통칭으로 화청을 이해시키고자 했다.

[74] 물론, 『역주 조선불교통사 6』 456쪽 주4)에서는 이를 『(刪補)梵音集』일 것으로 여겨 소개하고 있다.

夔刪補文: 미상) 등, 조선 중·후기에 간행된 다양한 의식집은 모두 이『범음집』에 해당할 수 있을 것으로 짐작할 뿐이다.

〈그림 1〉『천지명양수륙재의범음산보집』의 겉표지와 내용[75]

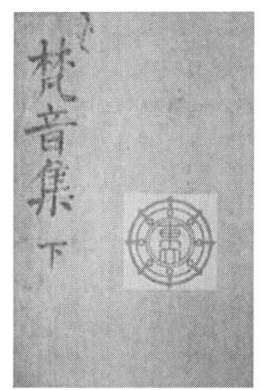
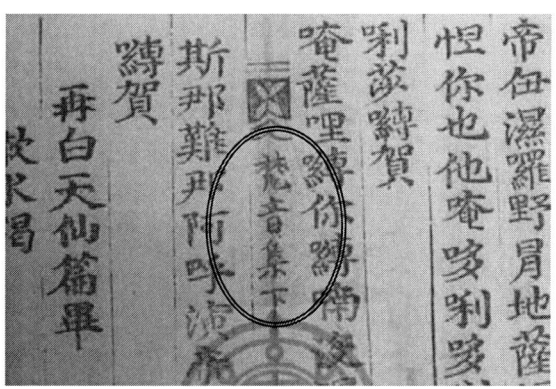

특히, 『범음집』의 대표적인 의식집으로 알려져 있는『천지명양수륙재의범음산보집』(天地冥陽水陸齋儀梵音刪報集)은 1721년(경종(景宗)1·강희(康熙)60 신축(辛丑))에 지환(智還)이 편집(編集)한 것으로 경기도(京畿道) 양주(楊洲) 삼각산(三角山) 중흥사(重興寺)에서 개간(開刊)한 목판본(木版本)[76]으로 전해지고 있는데, 조선 후기 피폐해진 불교의례를 바로 잡고 범패를 중흥시키고자 간행된

---

75) 동국대학교 중앙도서관에 소장하고 있는 1739년(영조 15) 도림사(道林寺)에서 간행한 『천지명양수륙재의범음산보집』의 겉과 속에 표기된 약례명은『범음집』(梵音集)으로 되어있다. 독자의 이해를 돕기 위해 이후 모든 그림의 중요 부분에 괄호를 넣어 표시했다.

76) 朴世敏 編, 『韓國佛敎儀禮資料叢書』, 第3輯, 2쪽.

의식집이어서 조선 중·후기 불교 의식을 연구하는 데 중요한 사료로 평가되고 있다.77)

이와 같은 『범음집』으로 여길 수 있는 『천지명양수륙재의범음산보집』에는 다음과 그림과 같은 의식문이 보인다.

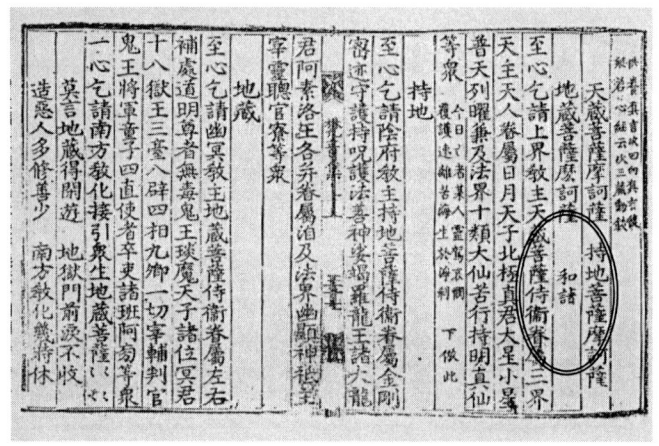

〈그림 2〉『천지명양수륙재의범음산보집』 권상, 재후작법절차(齋後作法節次) 중례작법 중 중단권공 화청78)

77) 특히, 당시 불교 의례·의식의 진행상황을 짐작하게 하는 수많은 내용을 포함하고 고례(古禮)를 산정(刪定)·질의(質疑)하여 수륙재(水陸齋) 절차의 틀을 완성하여 놓았으며, 불가의 수행자들이 일상으로 행하는 조석예불(朝夕禮佛)·분수작법(焚修作法)과 불가의 상장의례인 다비작법(茶毘作法) 등 불교의례의 전반적인 의식 절차를 수록하고 있는 종합서이다. 더군다나 이 책은 각 절차마다 지문으로 작법에 대해 아주 상세히 기록하고 있어서 작법(作法)을 무척 중요시하였음을 알게 한다. 金純美 譯, 『국역 천지명양수륙재의 범음산보집』(서울: 도서출판 양사재, 2011), 4쪽.

78) 의식집에 보이는 화청과 관계된 모든 그림은 박세민이 편찬한 『韓國佛教儀禮資料叢書』에 실린 것을 본인이 직접 촬영하여 편집한 것이다. 朴世敏 編, 『韓國佛教儀禮資料叢書』, 第3輯, 22쪽.

〈그림 2〉는 수륙재, 『중례작법』(中禮作法)에서 행하는 화청으로 볼 수 있는 가사의 명칭과 내용을 담고 있다. 『중례작법』의 상단은 증명단으로서 청정법신비로자나불(淸淨法身毘盧遮那佛)·원만보신노사나불(圓滿報身盧舍那佛)·천백억화신석가모니불(千百億化身釋迦牟尼佛)을 위시한 불·보살을 모시고 중단엔 청해지는 천장(天藏)·지지(持地)·지장(地藏) 보살을 포함한 일체 성현을 모시며 하단엔 선왕선후(先王先后)·삼대가친(三代家親)·무주고혼(無主孤魂)을 청해 의식을 행하게 된다. 이때, 화청은 중단 성현에게 공양을 올리고 난 후 등장하는데 그 내용과 목적은 다음의 원문과 해석[79]을 통해 확인할 수 있다.

和請
화 청

天藏
천 장

至心乞請	上界敎主	天藏菩薩	侍衛眷屬	三界天主
지심걸청	상계교주	천장보살	시위권속	삼계천주
天人眷屬	日月天子	北極眞君	大星小星	普天列曜
천인권속	일월천자	북극진군	대성소성	보천열요
兼及法界	十類大仙	苦行持明	眞仙等衆	今日亡者
겸급법계	십뇌대선	고행지명	진선등중	금일망자
某人靈駕	哀憫覆護	速離苦海	生於淨刹	
모인영가	애민복호	속리고해	생어정찰	

지극한 마음으로 청하나이다. 하늘의 교주이신 천장보살과 호위하는 권속들, 삼계의 천주와 천인의 권속들, 일월의 천자와 북극의 진군들, 대성 소성을 비롯한 온 하늘의 별들, 법계의 열 종류의 큰 신선, 고행하면서 밝음을 지니시는 진선님들이시여! 오늘 망자인 모씨 영

---

79) 金純美 譯, 『국역 천지명양수륙재의 범음산보집』, 92~93쪽.

II. 현행 불교 의식의 화청　69

가를 애련히 여기시어 보살피시고 고통의 바다에서 속히 나와 정찰에서 나게 하소서.

持地
지지

至心乞請 陰府敎主 持地菩薩 侍衛眷屬 金剛密迹
지심걸청 음부교주 지지보살 시위권속 금강밀적
守護持呪 護法善神 娑竭羅龍王 諸大龍君 阿素洛王
수호지주 호법선신 사갈라용왕 제대용군 아수라왕
各幷眷屬 泊及法界 幽顯神祗 主宰靈聰 官寮等衆
각병권속 계급법계 유현신기 주재영총 관료등중

지극한 마음으로 청하나이다. 음부의 교주이신 지지보살과 호위하는 권속들, 금강의 미묘한 자취를 수호하여 주문을 지니시고 호법하는 선신인 사칼라의 용왕과 여러 대용군 아수라왕과 각각의 권속들, 법계 유현의 신지와 영총을 주재하는 관료들이시여!

地藏
지장

至心乞請 幽冥敎主 地藏菩薩 侍衛眷屬 左右補處
지심걸청 유명교주 지장보살 시위권속 좌우보처
道明尊者 無毒鬼王 琰魔天子 諸位冥君 十八獄王
도명존자 무독귀왕 염마천자 제위명군 십팔옥왕
三臺八辟 四相九卿 一切宰輔 判官鬼王 將軍童子
삼대팔벽 사상구경 일체재보 판관귀왕 장군동자
四直使者 卒吏諸班 阿莠等衆
사직사자 졸리제반 아방등중

지극한 마음으로 청하나이다. 명부의 교주이신 지장보살과 호위하는 권속들, 좌우보처이신 도명존자와 무독귀왕, 염라대왕과 여러 명부의 군주들, 18지옥의 왕, 3대 8벽, 4상 9경, 일체의 재상과 판관, 귀왕, 장군, 동자, 사직사자, 졸개, 관리, 여러 직급의 무리들이시여!

一心乞請 南方敎化 接引衆生 地藏菩薩 地藏菩薩
일심걸청 남방교화 접인중생 지장보살 지장보살
地藏菩薩
지장보살

일심으로 청하나이다. 남방을 교화하시며 중생을 접인(스승이 제자를 가르쳐 바른 길로 인도하는 것)하시는 지장보살님, 지장보살님, 지장보살님.

내용은 분명, 재 의식에서 일체 중생을 위해 강림하길 발원하며 "다양한 성현을 청하는" 화(和)·청(請)이 맞다. 그리고 『화청보고서』에서 언어적 의미로 내린 정의에 해당하는 "불·보살을 청하는 것" 혹은, "불·보살의 명호를 노래하여 청하는 것"이 분명하다. 더군다나 화청을 행하는 목적도 금일, 천도받길 갈망하는 영가(亡者)를 애련히 여겨 보살피고 영가가 고통의 바다에서 속히 나와 정토에 왕생하길 발원하는데 있어 전통불교 의식에서 행해온 화청의 온전한 정의와 목적을 이해할 수 있게 한다.

특히, 화청은 수륙재와 관련된 다양한 재 의식의 중단 성현과 깊은 관계성을 갖고 있는 것으로 보이는데 이것은 중단권공(中壇勸供), 즉 중단 성현을 위한 공양의식 후 진행하는 절차 구성 때문이다.

〈그림 3〉『천지명양수륙재의범음산보집』 권중(卷中),
지반(志磐)·예수(預修) 재후작법절차 중 중단권공절차 설명과 화청[80]

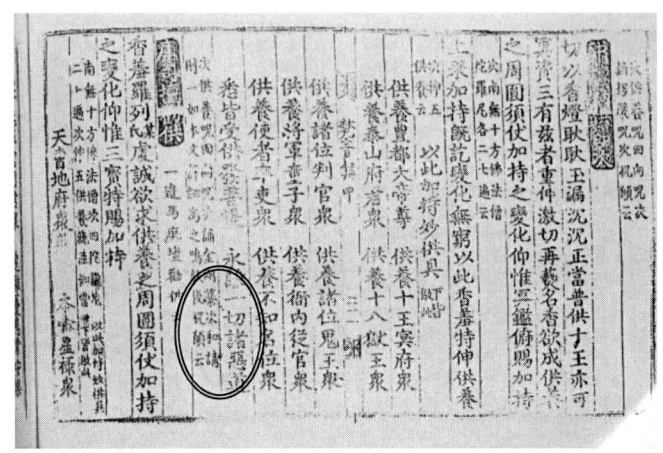

〈그림 3〉는 중단 공양의식에 나무시방(南無十方) 불(佛)·법(法)·승(僧)으로 시작하는 사다라니를 각 27편 운(云)한 후, 가지게(加持偈)와 오공양(五供養)을 행한 다음, 공양주(供養呪)와 회향주(回向呪)를 염송하고 금강찬(金剛讚)을 외운 뒤, 화청(和請)은 앞서(권상, 중단권공의식) 기술한 대로 한결같이 상세히 하고 명발(鳴鈸)을 한 뒤 축원(祝願)으로 이어갈 것을 주문(注文)[81]하고 있다. 더군다나 수륙재와 관련된『영산작법』(靈山作法)과『결수작법』(結手作法) 등의 중단 공양의식에도 화청은 동일한 절차에 의해 행하고 있었음을 확인할 수 있다.

---

80) 朴世敏 編,『韓國佛敎儀禮資料叢書』, 第3輯, 48쪽.
81) 「次供養呪回向呪 次誦 金剛讚 次和請 則一如本文 詳細爲之 鳴鈸後 祝願云」.
82) 본서는 지환(智還)이 편집(編輯)한 것으로 1739년(영조(英祖)15·건륭(乾隆)4·기미

〈그림 4〉『천지명양수륙재의범음산보집』 권상,
영산작법(靈山作法) 재후작법절차 중 중단권공의 화청[82]

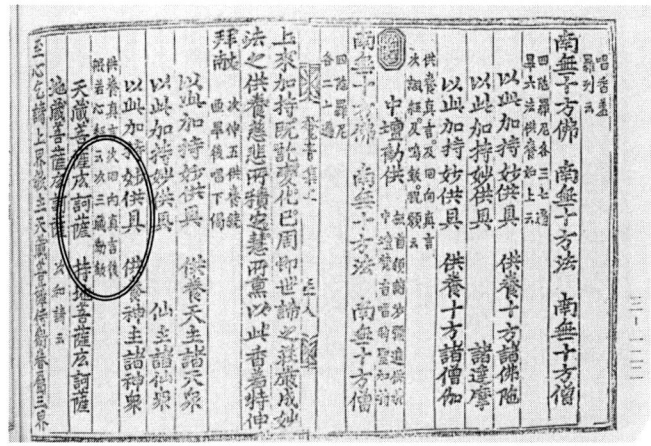

〈그림 5〉『천지명양수륙재의범음산보집』 권상,
결수작법(結手作法) 중 중단권공의 화청[83]

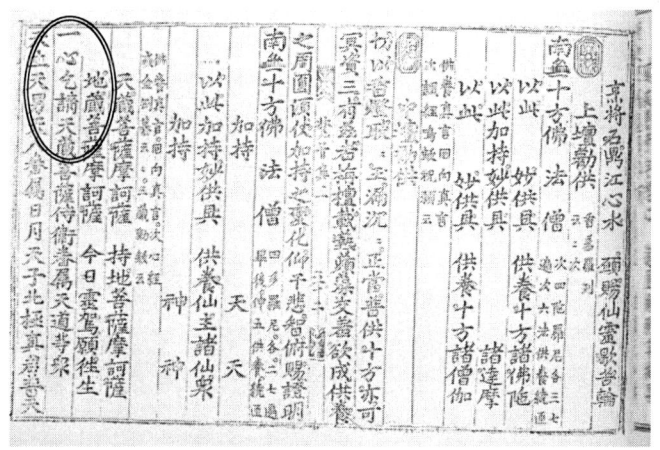

(己未)) 곡성(谷城) 도림사(道林寺)에서 중간(重刊)한 목판본(木版本)이다. 여기엔 비록 화청이란 문구가 확인되지 않지만 "지심걸청"으로 시작하는 내용이 다른 의식문과 동일하기 때문에 화청으로 본다. 朴世敏 編,『韓國佛敎儀禮資料叢書』, 제3輯, 122쪽.

지금까지 자료를 근거로 보면 수륙재에서 화청이 등장하는 전·후 절차는 다음과 같이 정리할 수 있다.

사다라니 ⇨ 가지게 ⇨ 오공양 ⇨ 공양주 ⇨ 회향주 ⇨ 금강찬(심경) ⇨ 탄백 ⇨ **화청** ⇨ 명발 ⇨ 축원

(2) 운수단, 대례왕공문의 화청

『범음집』에서 소개하는 또 다른 재 의식인 운수단(雲水壇)과 대례왕공문(大禮王供文), 흔히 현행 영산재(靈山齋)에서 중단의식으로 행하는 시왕각배재(十王各拜齋)에서도 화청이 등장한다. 더군다나 운수단과 대례왕공문의 화청은 조선시대에 간행된 다양한 의식집에 자주 등장하고『석문의범』[84])에도 자세히 기술되어 전해지고 있는 점으로 미뤄 범패에 포함된 화청 중 크게 성행했을 것으로 짐작한다.

---

83) 朴世敏 編,『韓國佛敎儀禮資料叢書』, 第3輯, 129쪽.
84) 安震湖 編,『釋門儀範(上)』, 153~54쪽.

〈그림 6〉『천지명양수륙재의범음산보집』 권상, 대례왕공양문의 탄백과 화청 내용[85]

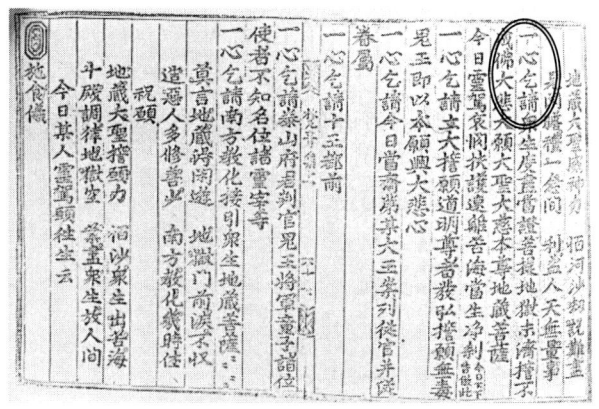

〈그림 7〉『요집』(要集)[86] 운수청(雲水請)의 중단권공의 화청[87]

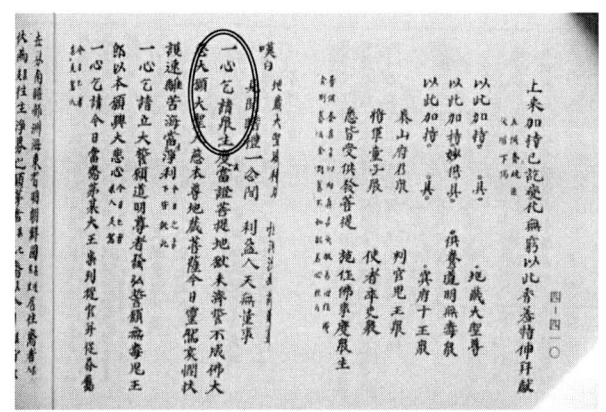

---

85) 朴世敏 編, 『韓國佛敎儀禮資料叢書』, 第3輯, 137쪽.
86) 본서는 권말(卷末)에 강원도(江原道) 금화군(金化郡) 복주암(福住庵) 찬화책(瓚華册)이라는 기록이 있고 서사연대(書寫年代)와 서사자(書寫者) 불명(不明)의 필사본(筆寫本)이다. 朴世敏 編, 『韓國佛敎儀禮資料叢書』, 第4輯, 375쪽.

운수단의 화청과 대례왕공의 화청은 상당히 흡사하다. 그러나 약간의 차이점을 발견할 수 있는데 바로, 명부시왕을 청하는 부분에서 의식집에 따라서는 명부시왕을 모두 청하거나 특정한 대왕을 한정하여 청하는 것이 그것이다. 먼저, 『요집』(要集)에 전하는 운수청(雲水請)의 화청 가사[88]와 해석[89]을 보면 다음과 같다.

一心乞請[90] 衆生度盡 當證菩提 地獄未除 誓不成佛
일심걸청   중생도진 당증보리 지옥미제 서불성불
大悲大願 大聖大慈 本尊地藏王菩薩 願我今日靈駕 哀
대비대원 대성대자 본존지장왕보살 원아금일영가 애
憫扶護 速離苦海 當生淨刹
민부호   속리고해 당생정찰

일심으로 청하나이다. 중생을 다 제도하여 보리를 증명하시고 지옥 중생 제도하지 않고서는 성불하지 않겠다 서원하신 대비대원 대성대자의 본존이신 지장보살이시여, 오늘 영가를 불쌍히 여기시어 굽어보시고 속히 고통의 바다에서 떠나 마땅히 정찰에 나기를 바라옵니다.

---

87) 朴世敏 編, 『韓國佛敎儀禮資料叢書』, 第4輯, 410쪽.
88) 朴世敏 編, 『韓國佛敎儀禮資料叢書』, 第4輯, 410~11쪽.
89) 金純美 譯, 『국역 천지명양수륙재의 범음산보집』, 133쪽.
90) 의식집에 따라 지심걸청(至心乞請: 지극한 마음으로 청함)과 일심걸청(一心乞請: 한마음으로 청함)으로 기술하고 있지만 이는 동일한 목적을 갖은 의식문으로 볼 수 있다. 더군다나 이후 전개되는 가사의 내용이 동일함은 이를 뒷받침한다.

一心乞請 立大誓願 道明尊者 發弘誓願 無毒鬼王 卽以
일심걸청 입대서원 도명존자 발홍서원 무독귀왕 직이
本願 興大悲心 今日靈駕 哀愍扶護 速離火宅 生於淨刹
본원 흥대비심 금일영가 애민부호 속리화택 생어정찰

　　일심으로 청하나이다. 대서원을 세우신 도명존자와 발홍서원하신 무독귀왕이시여, 본래 서운을 가지고 대비심을 일으키시어, 오늘 영가를 불쌍히 여기시어 굽어보시고 속히 고통의 바다에서 떠나 마땅히 정찰에 나기를 바라옵니다.

一心乞請 今日當齋 第某大王 案列從官 幷從眷屬 今日
일심걸청 금일당재 제모대왕 안열종관 병종권속 금일
靈駕 哀憫扶護 速離苦海 當生淨刹
영가 애민부호 속리고해 당생정찰

　　일심으로 청하나이다. 오늘 이 재에 오신 모(某)대왕과 따라온 관원들과 병종의 권속들이시어, 오늘 영가를 불쌍히 여기시어 굽어보시고 속히 고통의 바다에서 떠나 마땅히 정찰에 나기를 바라옵니다.

一心乞請 第一秦廣大王 第二初江大王 第三宋帝大王
일심걸청 제일진광대왕 제이초강대왕 제삼송제대왕
第四五官大王 第五閻羅大王 第六變成大王 第七泰山
제사오관대왕 제오염라대왕 제륙변성대왕 제칠태산
大王 第八平等大王 第九都市大王 第十五道轉輪大王
대왕 제팔평등대왕 제구도시대왕 제십오도전륜대왕
今日靈駕 哀愍扶護 速離火宅 生於淨刹
금일영가 애민부호 속리화택 생어정찰

　　일심으로 청하나이다. 시왕의 모든 전에 오늘 영가를 불쌍히 여기시어 굽어보시고 속히 고통의 바다에서 떠나 마땅히 정찰에 나기를 바라옵니다.

一心乞請 泰山府君 判官鬼王 將軍童子 諸位使者 不知
名位 諸靈宰等 今日 某人靈駕 哀憫扶護 速離苦海 當
生淨刹

일심으로 청하나이다. 태산부군과 판관귀왕과 장군, 동자, 제위의 사자들, 명위를 알지 못하는 여러 신령스런 재상 등이시여, 오늘 영가를 불쌍히 여기시어 굽어보시고 속히 고통의 바다에서 떠나 마땅히 정찰에 나기를 바라옵니다.

一心乞請 南方敎化 接引衆生 地藏菩薩 今日 某人靈駕
哀憫扶護 速離苦海 當生淨刹

일심으로 청하나이다. 남방을 교화하고 중생을 인도하는 지장보살께 오늘 영가를 불쌍히 여기시어 굽어보시고 속히 고통의 바다에서 떠나 마땅히 정찰에 나기를 바라옵니다.

『석문의범』, 대례왕공문에 전하는 화청 내용의 원문[91]과 해석[92]을 살펴보면 다음과 같은데,

至心乞請 衆生度盡 方證菩提 地獄未除 誓不成佛 大悲

---

91) 安震湖 編, 『釋門儀範(上)』, 153~54쪽.
92) 東峰正休 譯, 『일원곡 13』(광주: 대한불교조계종우리절, 2004), 140~42쪽.

大願 大聖大慈 本尊地藏王菩薩 願我今日靈駕 哀愍扶
대원 대성대자 본존지장왕보살 원아금일영가 애민부
護 速離苦海 當生淨刹
호 속리고해 당생정찰

　지성스런 마음으로 삼가걸청 하나이다 중생제도 끝이나야 깨달음을 증득하고 지옥남아 있게되면 성불하지 않겠다신 크신슬픔 크신원력 크신성자 크신사랑 대원본존 지장보살 크신보살 마하살님 저희이제 원하오니 천도하는 오늘영가 불쌍하게 여기시어 도와주고 보호하고 고통바다 어서떠나 왕생하게 하옵소서

至心乞請 立大誓願 道明尊者 發弘誓願 無毒鬼王 卽以
지심걸청 입대서원 도명존자 발홍서원 무독귀왕 직이
本願 興大悲心 今日靈駕 哀愍扶護 速離火宅 生於淨刹
본원 흥대비심 금일영가 애민부호 속리화택 생어정찰

　지성스런 마음으로 삼가걸청 하나이다 대서원을 세우옵신 좌보처로 도명존자 홍서원을 발하옵신 우보처로 무독귀왕 본원력에 나아가서 대비심을 일으키사 이와같이 정성스레 천도하는 오늘영가 불쌍하게 여기시어 도와주고 보호하고 사바세계 삼계화택 어서어서 훌훌떠나 서방정토 극락세계 왕생하게 하옵소서

至心乞請 今日當齋 第某大王 案列從官 幷從眷屬 願我
지심걸청 금일당재 제모대왕 안열종관 병종권속 원아
今日靈駕 哀愍扶護 速離苦海 當生淨刹
금일영가 애민부호 속리고해 당생정찰

　지성스런 마음으로 삼가걸청 하나이다 금일재를 마련하고 봉행하는 이도량에 오늘재를 맡으옵신 거룩하신 대왕님과 안열종관 비롯하

여 그에따른 권속이여 이와같이 정성스레 천도하는 오늘영가 불쌍하
게 여기시어 도와주고 보호하고 삼계화택 불타는집 어서어서 벗어나
서 서방정토 극락세계 왕생하게 하옵소서

至心乞請 職居總師 弼補閻羅 掌 百局之尊權 領 三司
지심걸청   직거총사   필보염라   장   백국지존권   영 삼사
之重柄 分付別化 泰山府君 判官鬼王 將軍童子 諸位使
지중병   분부별화   태산부군   판관귀왕   장군동자   제위사
者 不知名位 諸靈宰等 願我今日 某人靈駕 哀憫扶護
자 부지명위   제영재등   원아금일   모인영가   애민부호
速離苦海 當生淨刹
속리고해   당생정찰

　　지성스런 마음으로 삼가걸청 하나이다 총수자리 머물면서 염라왕
을 보필하며 일백국을 관장하고 삼사까지 거느리는 높은자리 중한직
책 특별교화 분부맡은 태산부군 판관귀왕 장군동자 제위사자 이름지
위 알수없는 모든영재 들이시여 바라건대 오늘영가 불쌍하게 여기시
고 고통바다 어서떠나 왕생하게 하옵소서

　　운수청과 대례왕공문의 화청은 위처럼 일심걸청(一心乞請)과 지심걸청(至心乞
請)의 가사를 시작으로 명부세계, 십대명왕을 모두 청하거나 혹은 특정한 대왕
을 정해 청하는 등의 차이점93) 외엔 그 목적과 내용이 동일함을 알 수 있다.94)

---

93) 불가(佛家)에서 망자(亡者)의 천도기일을 다음과 같이 인식하고 있다. 가령 사후 첫째
　　주엔 제일진광대왕이 의식을 관장하고 두 번째 주엔 제이초광대왕이 관장한다. 그러
　　므로 다섯째 주엔 제오염라대왕, 일곱 번째 주(사십구재)는 제칠태산대왕, 백일재엔
　　제팔평등대왕, 일년기일엔 제구도시대왕, 삼년기일엔 제십오도전륜대왕이 관장하는
　　것으로 믿는다. 이는『불설예수시왕생칠경』에 근거한다. 慧日明照,『예수재 -見機而作

두 화청 모두, 지장보살을 포함한 금일 재를 관장하는 명부세계 일체 성현을 "평등하고 조화롭게(和) 청하고 노래하여(請)" 오늘 천도재의 주인공인 영가가 고통의 바다를 벗어나 극락세계에 왕생하길 발원하고 있는 것으로 수륙재의 화청과 같이 '다양한 성현을 조화롭게 청해 노래'하는, 화청의 정의와 목적에 맞는 의식문의 형식을 갖추고 있다. 대례왕공문에 화청을 행하고 있었음은 또 다른 의식집에서도 확인할 수 있다.

〈그림 8〉『작법귀감』 권하,
약례왕공문(略禮王供文) 중단권공의 화청95)

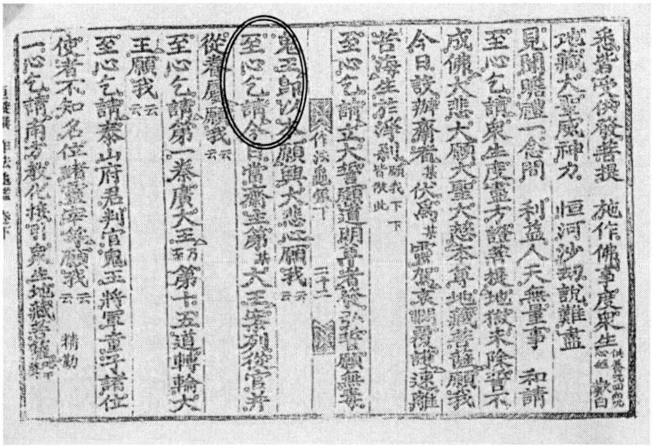
悉皆同伸發菩提 施作佛事度衆生
地藏大聖威神力 恒河沙劫說難盡
見聞瞻禮一念間 利益人天無量事 和請
至心乞請衆生度盡方證菩提地獄未除誓不
成佛大悲大願大聖大慈本尊地藏菩薩願我
今日設辦齋者 伏爲 靈駕哀愍覆護速離
苦海生於淨刹
至心乞請立大誓願道明尊者發
鬼王頭以大願與大悲心願我云云
至心乞請今日當齋主第 大王案列從官并
從者屬願我云云
至心乞請第一秦廣大王 第十五道轉輪大
王願我云云
至心乞請泰山府君判官鬼王將軍童子諸位
使者不知名位諸靈宰等願我云云 精勤
一心乞請南方教化接引衆生地藏菩薩

形 齋 儀式 節次를 중심으로-』(서울: 에세이퍼블리싱, 2011), 65쪽.

94) 이와 같은 차이점은 재 의식에 따라 가사를 달리 했을 것으로 여겨지는데 가령, 개인적인 천도재의 경우처럼 특정한 사십구재나 칠칠재에 천도재를 행할 땐 기일에 맞는 시왕을 청하는 것으로 보이지만 합동으로 재 의식을 진행할 경우 명부시왕 모두를 청하는 것으로 볼 수 있을 것이다. 또 다른 시각으로 운수청을 행할 땐 명부시왕 모두를 대례왕공일 경우 특정한 명왕을 청한 것으로 볼 수 있다. 그러나 이는 단지 필자의 추측일 뿐 근거를 논할 수는 없다.

〈그림 9〉『요집』 대례왕공양문의 중단권공 중 화청[96]

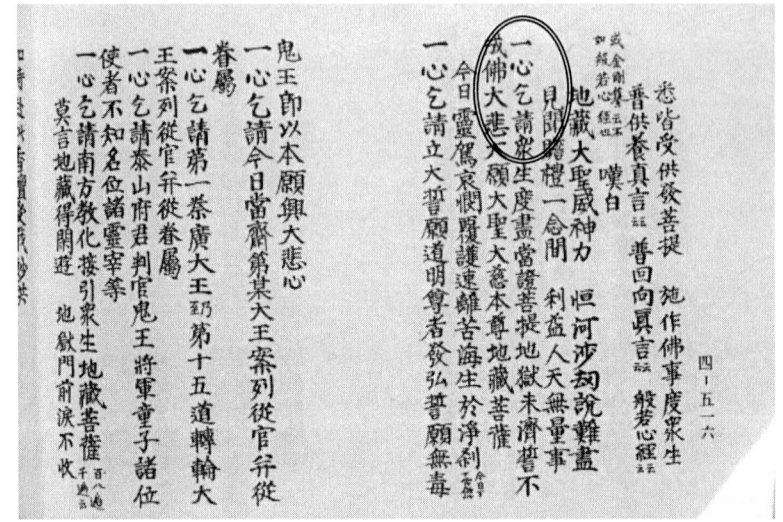

여기에서 주의 깊게 살펴야 할 점은 바로,『운수단』(雲水壇) 혹은『운수청』(雲水請)에도 화청을 행하고 있었음이다. 물론,『석문의범』의 대례왕공문(各拜) 상단에도 운수청[97]이 등장하는데 이는 청허휴정(淸虛休靜: 1520~1604)이 찬술(撰述)한『운수단』을 옮긴 것으로 여기기에 충분하다.[98] 『한국불교의례자료총서』엔 1664년 해인사에서 간행된 청허휴정의『운수단』 목판본이 실려

---

95) 朴世敏 編,『韓國佛教儀禮資料叢書』, 第3輯, 441쪽.
96) 朴世敏 編,『韓國佛教儀禮資料叢書』, 第4輯, 516쪽.
97) 安震湖 編,『釋門儀範(上)』, 135쪽.
98) 그만큼 내용과 구성이 상당부분 동일하기 때문이다. 그리고 최소한『운수단』을 청허휴정이 찬술했다는 사실만으로도 이후 간행된 다양한 의식집에 소개된『대례왕공문』과 청허휴정의 연관성은 부인할 수 없다.

있어 내용99)을 확인할 수 있다. 『운수단』이 간행된 이후 다양한 의식집에 소개된 「운수단」, 혹은 「운수청」의 중단권공의식에 화청이 등장한다는 것은 청허휴정이 직접 지장보살을 포함한 일체 성현을 청해 망자의 극락왕생을 발원하는 화청을 행했을 수도 있음을 추측100)하게 한다.

물론, 청허휴정의 『운수단』이 간행된 이후, 『운수단』을 포함하여 편찬한 『범음집』의 「운수단작법」 중단권공의식은 수륙재의 「결수작법」과 동일한 규범101)을 통해 완성할 것을 〈그림 10〉에서처럼 주문하고 있어 당연히 화청을

---

99) 이 책은 청허휴정이 찬술한 『운수단가』(雲水壇謌訶)와 진일(眞一)이 편(編)한 『석문가례초』(釋門家禮抄)를 합편(合編)한 것으로 『운수단가』에 영혼식(迎魂式)·염향식(拈香式)·하단배치(下壇排置)·삼단작관변공(三壇作觀變供)·하단헌식의(下壇獻食儀)·작관별의(作觀別儀) 등을 추가하고 칠성청(七星請) 대신에 미타청(彌陀請)을 부가(斧柯)시킨 것이며, 진일의 『석문가례초』는 편자(編者)가 독립(獨立)하여 별책(別冊)으로 수록하였다. 朴世敏 編, 『韓國佛敎儀禮資料叢書』, 第2輯, 48쪽.

100) 『한국불교의례자료총서』 제2집, 52쪽에 실린 『운수단』의 상단과 중단, 공양의식엔 의식문이 아닌 설명문 형식의 문구로서 의식을 행하도록 하고 있다. 「加持如上云 回向諷經祝願」이는 "앞서 소개한 가지게 후 회향주를 설한다음 경을 외고 축원한다"로 해석할 수 있지만 공양의식에서 의식문을 생략하고 있다는 것은 당시, 의식집을 접하는 승려들이 보편적으로 행하는 의식절차를 굳이 찬술자, 자신이 기술할 필요성을 느끼지 못했던 것으로 여길 수 있다. 그러므로 청허휴정이 얼마든지 화청을 행할 가능성은 충분하다. 최소한 이후의 간행된 의식집의 운수단과 대례왕공문엔 화청이 빈번하게 행해졌음을 문헌을 통해 확인할 수 있기 때문이다.

101) 여기에서 한 가지 의문점은 수륙재 의식문으로 평가받는 『결수문』의 화청이 『운수단』에 쓰였다면 가사의 변화가 있을 수 있어 대례왕공문의 그것과 차이가 있을 수 있다. 그러나 이미 본문에서 『요집』의 화청가사를 통해 살폈듯이 운수난와 내례왕공문의 화청은 동일한 가사구성과 형태를 가지고 있기 때문에 이는 의식절차와 구성을 동일하게 하여 진행할 것을 주문하는 것으로 여길 수 있다.

포함했던 것으로 여길만하고 「대례왕공문」 중단공양의식에선 〈그림 11〉과 같은 설명문을 싣고 있어 이전부터 청허휴정은 그와 깊은 연관성을 갖고 있는 운수단과 대례왕공에서 화청을 행했을 것으로 추정할 수 있다.

〈그림 10〉『천지명양수륙재의범음산보집』 권상, 운수작법(雲水作法)의 중단권공 설명과 화청[102]

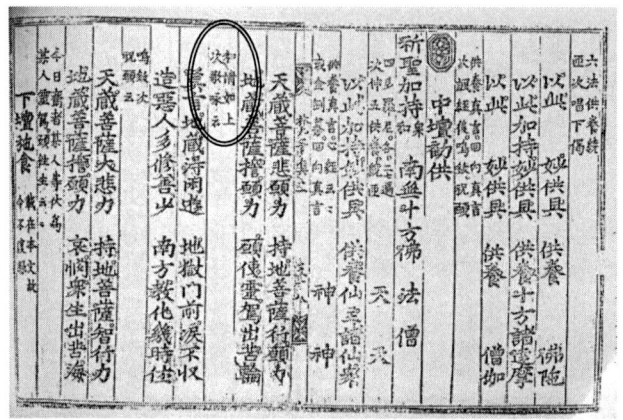

〈그림 11〉『천지명양수륙재의범음산보집』 권상, 대례왕공양문(大禮王供養文)의 중단권공절차 설명과 화청[103]

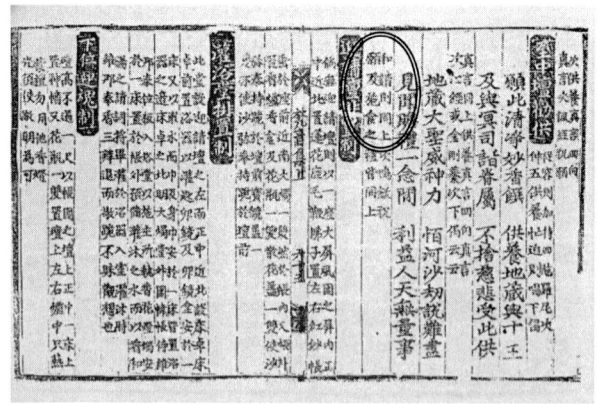

중요한 것은 이, 『운수단』을 찬술한 이가 바로 청허휴정이며 그가 바로 우리말 불교가요인 『회심가』(回心歌)[104]를 만든 주인공이란 사실이다. 흔히, 우리가 익히 들어 알고 있는 서산대사(西山大師)가 바로 청허휴정이다. 서산대사가 한편으로 『운수단』을 찬술하고 다른 한편으론 『회심가』를 지었다는 것은 '화청'과 '회심가'를 별개의 것으로 여기고 있었음을 증명하는 것이고 공적(公的)인 불교의식에서는 범패에 포함할 수 있는 '화청'을 행하고 그 외, 사적(私的)인 것에서 불교가요인 '회심가'를 지어 권장했을 가능성이 크며 이것은 조선중·후기까지도 불교계에서 인식하는 화청과 불교가요의 형태인 회심가가 분명 다른 목적과 용도, 즉 화청은 지장보살과 명부시왕 그리고 권속 등 일체 성현을 청해 망자(亡者)를 위로하여 극락왕생하길 발원하는 것으로 회심가는 생자(生者)를 대상으로 불사(佛事)와 불교 포교의 수단으로 이용하고 있었

---

102) 朴世敏 編, 『韓國佛敎儀禮資料叢書』, 第3輯, 132쪽.

103) 「和請則 同上 次 鳴鈸 祝願 及施食之 禮皆同上」, 즉 "화청은 앞의 것을 참고하고 이후 명발과 축원을 행한 후 시식에 이르러서는 앞서 살핀 예를 따를 것"을 주문하고 있어 화청을 행하고 있었음을 확인할 수 있다. 朴世敏 編, 『韓國佛敎儀禮資料叢書』, 第3輯, 37쪽.

104) 「회심가고(回心歌稿)」라는 제목으로 『보권염불문』(1764 동화사, 1765 묘향산 용문사, 1776 해인사, 1787 선운사)에 실려있다. 『보권염불문』에는 지은이가 밝혀져 있지 않고, 『신편보권문』(1776 해인사)에 「청허존자회심가」라는 제목으로 실려 있어 청허대사 휴정을 작가로 소개하였다. 이외에 필사본 『보궐념불문』, 『자책가』, 『감응편』, 『불교가사』, 『부인치가사』, 『증도가』, 『가집』, 『아악부가집』, 『악부』와 『석문의범』에 실려 전한다. 「회심가」의 이본은 같은 제목 외에 『회심곡』, 『권불가』, 『재이변회심곡』 등의 제목으로도 유통되었다. 임기중, 『불교가사원전연구』(서울: 동국대학교 출판부, 2000), 102쪽.

음을 짐작하게 한다.

필자는 대례왕공문의 화청이 조선시대에 가장 성행했던 화청이었으며 조선 후기, 20세기 초까지 온전히 전해졌을 것으로 추측하는데 이유는 첫째, 1935년 편찬된 『석문의범』에도 대례왕공문에 화청을 기술하고 있으며 둘째, 화청을 시작하기에 앞서 축원문 형식을 띠고 있는 원아게(願我揭)라 불리는 가사를 현재, 회심곡류 화청에서도 행하고 있기 때문이다.

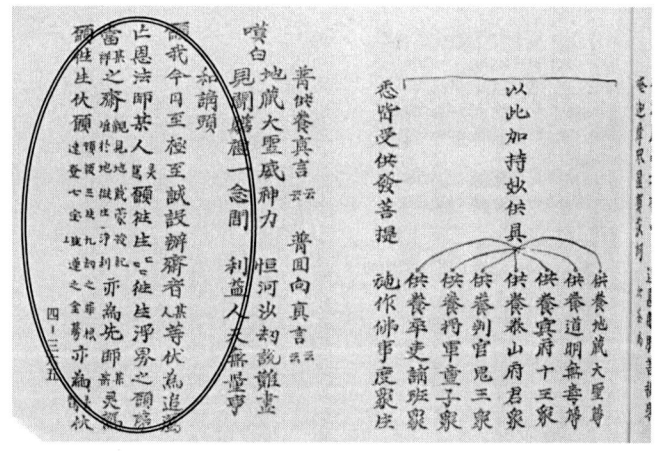

〈그림 12〉『요집문』(要集文)[105] 대례왕공(大禮王供) 중 중단권공, 화청 시작 전 발원문[106]

---

105) 본서는 요집문주(要集文主) 성권(盛權)이라는 기록 외에 서사자(書寫者)와 서사연대(書寫年代)가 없는 필사본(筆寫本)이다. 朴世敏 編, 『韓國佛敎儀禮資料叢書』, 第4輯, 306쪽.

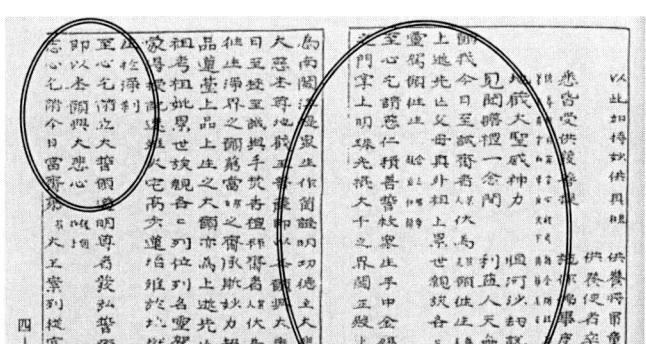

〈그림 13〉『청문요집』(請文要集)[107] 대례왕공의 중단권공
원아게와 화청[108]

'원아게'의 명칭이 정확한 것인지는 확신할 수 없다. 원아게를 알고 있는 범패승도 드물 뿐 아니라 현행 재 의식에서 행하는 것도 쉽게 확인할 수 없기 때문이다.[109] 그러나 필자의 스승인 중요무형문화재 영산재 보유자 구해 스님

---

106) 화청을 시작하기에 앞서 화청하는 목적을 발원·축원하는 것으로 이를 흔히 "원아게(願我偈)"라 한다. 원아게는 송암 스님과 구해 스님을 통해 그 소리를 확인할 수 있지만 전해지는 대례왕공문의 가사를 함축한 형태로 행하고 있어 원문과는 차이가 난다. 朴世敏 編, 『韓國佛教儀禮資料叢書』, 第4輯, 365쪽.

107) 본서는 삼각산(三角山) 백련사(白蓮寺) 해운(海運) 스님이 서사(書寫)한 필사본(筆寫本)이다. 朴世敏 編, 『韓國佛教儀禮資料叢書』, 第4輯, 580쪽.

108) 朴世敏 編, 『韓國佛教儀禮資料叢書』, 第4輯, 607쪽.

109) 다만, 의식문이 「원아」(願我)의 가사로 시작하고 있어 이 같은 명칭으로 불리지 않았을까? 추측해본다.

은 송암 스님도 과거 회심곡을 시작하기에 앞서 원아게를 행했었고 스님 본인도 때에 따라서는 원아게를 즐겨한다고 하면서 "원래 화청을 치기 전엔 반드시 원아게를 행해야 한다"는 내용의 의견을 전한바 있다.

이 증언은 결국, 비록 현재엔 회심곡류의 불교가요로 구성된 화청이라도 의식의 절차 구성이 대례왕공문의 원아게 ⇨ 화청 ⇨ 축원으로 이어지는 절차 형식을 기본으로 하고 있음을 암시하는 것으로 여길 수 있다.

먼저, 『석문의범』에 실려 있는 원아게의 원문110)과 해석111)을 살펴보면 다음과 같다.

願我今日 至極至誠 設辦禮拜 薦魂齋者 某人等伏爲 所
원아금일 지극지성 설판예배 천혼재자 모인등복위 소
薦 亡 某人靈駕 仗此供養 因緣功德 往生淨土 親見彌
천 망 모인영가 장차공양 인연공덕 왕생정토 친견미
陀 蒙佛授記 頓成正覺之願 亦願 上逝先亡 父母祖上
타 몽불수기 돈성정각지원 역원 상서선망 부모조상
各各列名靈駕願往生
각각열명영가원왕생

오늘여기 이와같이 지극지성 기울여서 설판도량을 마련하고 설판하고 예배하는 천혼재자 자손들이 먼저가신 영가님의 바른천도 위하여서 엎드려서 원하오니 이와같이 공양하는 인연공덕 말미암아 서방정토 극락세계 바로왕생 하시옵고 아미타불 친견한뒤 부처님의 수기 받아 그 자리서 바른깨침 이루도록 하옵소서 또한다시 원하오니 앞서가고 먼저가신 여러대의 조상님과 원근친척 영가님과 유주무주 고

---

110) 安震湖 編, 『釋門儀範(上)』, 153쪽.
111) 東峰正休 譯, 『일원곡 13』, 140쪽.

혼들과 유연무연 애혼들도 극락세계 왕생하길 지성발원 하나이다

과거, 송암 스님이 행했던 원아게 가사112)를 살펴보면 다음과 같다.

원아 금유차일 사바세계 남섬부주 동양 대한민국 서울특별시 서대문구 봉원동 1번지 거주 금차 지극지정성 생전효행 사후 사십구일재 봉헌재자 행효자 기미생 이철용 일문가족등 복위 소청 선엄부 임오생 경주 이씨 동일영가 이차인연공덕 이차정진공덕 함탈윤회지 극락세계 상품상생지발원 재당 사십구십구일재 지신 역위 상세선망 사존 사생사장 오존육친 광겁이래 부모일체 친속등각 열위열명영가 이차 인연공덕 이차염불공덕 함탈윤회지 지광극락세계 친견미타 동견재 불몽불속위발 아뇩다라삼약삼보리 각각열위열명영가 동출극락지 세계 발원

구해 스님의 원아게 가사113)는 송암 스님에 비해 축소한 형식으로 설행한다.

원아 금유차일 사바세계 남섬부주 동양 대한민국 서울특별시 모동 거주 금차 지극지정성 천혼재자 복위 소천 선망부모 각 열위열명영가 이차인연공덕 이차염불공덕 왕생 극락 정찰지 발원 각각 열위열

---

112) 1980년대 녹음한 것으로 전해지며 현재 천곡사 서암, 현준 스님이 소장하고 있다.
113) 2000초에 녹음한 것으로 필자가 소장하고 있다.

명영가 원왕생

이렇게 변화한 것은 근래에 들어 대례왕공문에 전하는 축원문 형태의 가사가 전통화청에서 회심곡류의 불교가요로 전환되면서 자연스럽게 축소된 것으로 보이는데, 최근에 들어서는 아예 원아게를 행하지 않고 바로 화청, 즉 회심곡류 불교가사를 시작하는 것으로 확인되고 있다.[114] 어찌되었던 운수단(운수청)과 대례왕공문엔 지장보살과 명부시왕 그리고 명부의 성현을 청해 망자의 왕생극락을 발원하는 화청이 존재하고 화청을 행하기에 앞서 원아게, 축원문을 행하도록 전해지고 있어 현행, 회심곡류 화청 구성을 가늠할 수 있는 중요한 자료를 제공하고 있다. 조선시대에 간행된 의식문 중 운수단이나 대례왕공문과 관계된 화청 설행에 관한 절차를 적어보면 다음과 같다.

사다라니 ⇨ 가지게 ⇨ 오공양 ⇨ 공양주 ⇨ 회향주 ⇨
금강찬(심경) ⇨ 탄백 ⇨ 원아게 ⇨ **화청** ⇨ 명발 ⇨ 축원

(3) 예수재의 화청

조선불교 재 의식에 가장 큰 특징 중의 하나는 바로 지장보살을 위시한 명부시왕과 권속의 등장을 꼽을 수 있다. 비록, 조선시대 재 의식이 수륙재와 운

---

[114] 창자(唱者)에 따라서는 잠깐이라도 "지장보살" 정근(精勤)을 행한 후 회심곡류 화청으로 이어간다.

수단·대례왕공문 등 재 의식의 목적과 명칭은 달리하고 있더라도 이들 성현의 가피로서 서원을 이루고자 했던 당시 중생의 마음을, 전해지는 의식집을 통해 확인할 수 있다.

지장보살과 명부시왕의 등장은 조선불교 재 의식 정립에 결정적인 역할을 한 것으로 확인되는 『불설관정수원왕생시방정토경』(佛說灌頂隨願往生十方淨土經)115)과 『불설예수시왕생칠경』(佛說預修十王生七經)116) · 『예수천왕통의』(預修薦王通儀)117) · 『불설수생경』(佛說壽生經)118) 등에 기인한 것으로 추정하는

---

115) 동진(東晉) 백시리밀다라의 번역으로 12부의 소경(小經)을 합한 것이다. 내용은 "살아생전에 법계(法戒)를 잘 알고 몸이 환(幻)과 같은 줄 알아 부지런히 닦고 익히며 보리도(菩提道)를 행하고 아직 몸 숨이 떨어지기 전에 미리 삼칠일 동안 등(燈)을 밝히고 비단 번개를 달고 많은 스님을 청하여 존경(尊經)을 계속 독송하여 모든 복업을 닦는다면 그 복이 한량없음"을 밝히고 있다. 慧日明照, 『예수재 - 見機而作形 齋 儀式 節次를 중심으로-』, 35쪽.

116) 당나라 장천(藏川)이 지은 것으로 알려져 있으며 "악업(惡業)을 지은 자라 할지라도 『예수시왕생칠경』을 접하거나 깊은 참회(懺悔)를 실천한다면 그 공덕이 한량없음을 밝히고 있고 아난다를 비롯한 일체의 용신과 팔부신장 그리고 모든 염라천자에게도 '설사, 교만하고 어리석은 중생이 있다고 하더라도 언제나 너그럽게 용서하라'고 당부하는 내용을 담고 있다. 慧日明照, 『예수재 - 見機而作形 齋 儀式 節次를 중심으로-』, 36쪽.

117) 육화(六和)가 찬술한 것으로 죽은 뒤의 영혼을 천도하기 위하여 생전에 미리 닦은 재 의식 절차를 실은 의식문이다. 慧日明照, 『예수재 - 見機而作形 齋 儀式 節次를 중심으로-』, 36쪽.

118) 속리산 법주사에서 1568년(선조 1) 간행한 이 책은 당나라 고승 현장 스님이 서역국에서 대장경을 열람하다가 발견한 것으로 전해지며 모든 중생이 수생전을 빌려 태어났기 때문에 반드시 갚아야 한다는 내용을 담고 있다. 慧日明照, 『예수재 - 見機而作形

데 특히, 대우(大愚: 1676~1763, 1407년 입적한 명나라 천태종의 대우(大佑))[119] 가 찬술한 것으로 알려진 『예수시왕생칠재의찬요』(預修十王生七齋儀纂要)[120]는 현행 예수재(預修齋)의 저본으로서 여전히 성행하고 있는 점으로 미뤄 다른 어떤 재 의식보다 전통성을 인정할 수 있다.[121]

예수재는 예수시왕생칠재(預修十王生七齋)의 명칭에서, 현재에 이르러 생전예수재(生前預修齋)로 알려져 있는데 명칭에 등장하는 「시왕」(十王)이 바로 명

齋 儀式 節次를 중심으로-」, 36~37쪽.

119) 『예수시왕생칠재의찬요』엔 「송당야납대우집술」(松當野衲大愚集術)이라 기술되어 있어 분명 대우(大愚)가 집술한 것은 의심의 여지가 없지만 흔히 알려진 대우의 생존연대(1676~1763)와 의식집의 간행연대(1576~1632)가 맞지 않아 동명이인(同名異人)일 가능성이 높다. 명나라의 천태종 승려였던 대우는 『정토지귀집』·『정토진여예문』·『정토구연등료』 등의 정토사상과 관계된 의식집을 찬술한 것으로 알려져 있어 『예수시왕생칠재의찬요』을 남겼을 가능성도 배제할 수 없다. 물론 확인된 바 없다.

120) 1576년 안동 광흥사에서 간행된 목판본을 비롯해 1566년 성천 영천사, 1574년 순천 송광사, 1632년 삭녕 용복사, 1648년 순천 송광사, 1655년 영암 도갑사, 17세기 중립 간행된 청계사 본이 전해지고 있어 조선중·후기 성행했던 예수재 의식집으로 평가 받고 있다. 慧日明照, 『예수재 -見機而作形 齋 儀式 節次를 중심으로-」, 34쪽.

121) 수륙재 저본의 경우, 대한불교조계종 어산어장 동주원명 스님에 의해 송암 스님께 전해 받은 『중례문』과 『천지명양수륙재의범음산보집』·『천지명양수륙재의찬요』·『수륙무차평등재의촬요』 등의 의식집을 중심으로 현재 복원작업(2012년 말 출간예정)이 한창이고 비록, 현행 영산재에 운수청과 대례왕공문이 포함되어 있다하더라도 영산재 자체가 시련·대령·관욕 등과 영산작법과 식당작법에 보다 많은 비중을 두고 건기이작형으로 설행하는 점으로 미뤄 온전한 저본과 재 의식 명칭을 확인하기 어려운 실정이다. 이에 비해 예수재는 그 명칭과 저본은 온전하게 전해지고 있어 상대적으로 그 전통성을 보다 인정할 수 있다.

부시왕을 가리키는 것으로 지장보살과 명부시왕 그리고 명부성현과 깊은 관계성을 갖고 있는 의식으로 볼 수 있다.122) 당연히, 의식집에는 예수재 화청이 등장하는데,

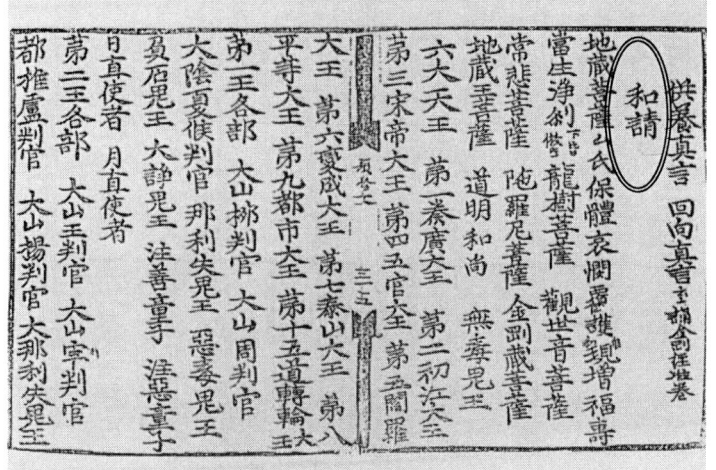

〈그림 14〉『예수시왕생칠재의찬요』(預修十王生七齋儀纂要)123) 중단, 보신배헌편(普伸拜獻篇)의 화청(和請)124)

---

122) 물론, 앞서 설명한 수륙재와 운수단 그리고 대례왕공문 역시, 지장보살이나 명부시왕과 깊은 관계성이 있다. 가령 수륙재를 흔히 중례문(中禮文)이라 하는 것도 여기에서 말하는 중(中)이 곧 중단성현을 의미하는 것으로 보이며 대례왕공문의 왕(王)도 결국 명부시왕을 지칭하는 것이므로 볼 수 있다. 그러므로 조선시대에 성행했던 모든 재 의식이 중단 성현, 즉 지장보살을 포함한 명부의 성현과 깊은 관계있음으로 볼 수 있다.

『예수시왕생칠재의찬요』에 기술된 예수재의 화청가사[125]를 살펴보면 다음과 같다.

地藏菩薩 某氏 保體 哀憫覆護 現增福壽 當生淨刹 龍
지장보살 모씨 보체 애민복호 현증복수 당생정찰 용
樹菩薩 觀世音菩薩 常悲菩薩 陀羅尼菩薩 金剛藏菩薩
수보살 관세음보살 상비보살 다라니보살 금강장보살
地藏王菩薩 道明和尙 無毒鬼王 六大天王 第一秦廣大
지장왕보살 도명화상 무독귀왕 육대천왕 제일진광대
王 第二初江大王 第三宋帝大王 第四五官大王 第五閻
왕 제이초강대왕 제삼송제대왕 제사오관대왕 제오염
羅大王 第六變成大王 第七泰山大王 第八平等大王 第
라대왕 제륙변성대왕 제칠태산대왕 제팔평등대왕 제
九都市大王 第十五道轉輪大王
구도시대왕 제십오도전륜대왕

至心乞請 第一王各陪 大山柳判官 大山周判 大陰夏候
지심걸청 제일왕각배 대산유판관 대산주판 대음하후
判官 那利失鬼王 惡毒鬼王 負石鬼王 大諍鬼王 注善童
판관 나리실귀왕 악독귀왕 부석귀왕 대쟁귀왕 주선동
子 注惡童者 日直使者 月直使者
자 주악동자 일직사자 월직사자

至心乞請 第二王各陪 大山王判官 大山宋判官 都推盧
지심걸청 제이왕각배 대산왕판관 대산송판관 도추노

---

123) 본서는 대우(大愚)가 집술(集術)한 것으로 1576년(선조(宣祖)9·만력(萬曆)4 병자(丙子)) 안동(安東) 학가산(鶴駕山) 광흥사(廣興寺)에서 간행(刊行)한 목판본(木版本)이다. 뒤편에 실은 숭정(崇禎) 5년 간본(刊本)과 편차(篇次)와 내용(內容)이 다르므로 이종(二種)을 다 수록하여 그 변천과정을 아는데 도움을 주려 한다. 朴世敏 編,『韓國佛敎儀禮資料叢書』(서울: 保景文化社, 1993), 第2輯, 66쪽.
124) 朴世敏 編,『韓國佛敎儀禮資料叢書』, 第2輯, 84쪽.
125) 朴世敏 編,『韓國佛敎儀禮資料叢書』, 第2輯, 84~85쪽.

判官_{판관} 大山楊判官_{대산양판관} 大那利失鬼王_{대나리실귀왕} 上元周將軍_{상원주장군} 三目鬼王_{삼목귀왕} 血虎鬼王_{혈호귀왕} 多惡鬼王_{다악귀왕} 注善童子_{주선동자} 注惡童子_{주악동자} 日直使者_{일직사자} 月直使者_{월직사자}

至心乞請_{지심걸청} 第三王各陪_{제삼왕각배} 大山河判官_{대산하판관} 司命判官_{사명판관} 司祿判官_{사록판관} 大山舒判官_{대산서판관} 大山柳判官_{대산유판관} 下元唐將軍_{하원당장군} 白虎鬼王_{백호귀왕} 赤虎鬼王_{적호귀왕} 注善童子_{주선동자} 注惡童子_{주악동자} 日直使者_{일직사자} 月直使者_{월직사자}

至心乞請_{지심걸청} 第四王各陪_{제사왕각배} 大山蕭判官_{대산소판관} 大山勝判官_{대산승판관} 諸司檢覆判官_{제사검복판관} 司曹裵判官_{사조배판관} 飛身鬼王_{비신귀왕} 那利叉鬼王_{나리차귀왕} 電光鬼王_{전광귀왕} 注善童子_{주선동자} 注惡童子_{주악동자} 日直使者_{일직사자} 月直使者_{월직사자}

至心乞請_{지심걸청} 第五王各陪_{제오왕각배} 大山洪判官_{대산홍판관} 注死馬判官_{주사마판관} 都司曹判官_{도사조판관} 惡福趙判官_{악복조판관} 儀同崔判官_{의동최판관} 千照鬼王_{천조귀왕} 啗獸鬼王_{담수귀왕} 狼牙鬼王_{낭아귀왕} 大那利叉鬼王_{대나리차귀왕} 注善童子_{주선동자} 注惡童子_{주악동자} 日直使者_{일직사자} 月直使者_{월직사자}

至心乞請_{지심걸청} 第六王各陪_{제육왕각배} 功曹鄭判官_{공조정판관} 法曹胡判官_{법조호판관} 大山窟判官_{대산굴판관} 大陰注失判官_{대음주실판관} 主禍鬼王_{주화귀왕} 主耗鬼王_{주모귀왕} 主食鬼王_{주식귀왕} 阿那吒鬼王_{아나타귀왕} 注善童子_{주선동자} 注惡童子_{주악동자} 日直使者_{일직사자} 月直使者_{월직사자}

至心乞請 第七王各陪 五道窟判官 大山黃判官 大山薛
지심걸청 제칠왕각배 오도굴판관 대산황판관 대산설
判官 掌卯判官 掌算判官 主財鬼王 大阿那吒鬼王 主畜
판관 장앙판관 장산판관 주재귀왕 대아나타귀왕 주축
鬼王 主禽鬼王 注善童子 注惡童子 日直使者 月直使者
귀왕 주금귀왕 주선동자 주악동자 일직사자 월직사자

至心乞請 第八王各陪 功曹司甫判官 大山凌判官 大山
지심걸청 제팔왕각배 공조사보판관 대산능판관 대산
睦判官 主産鬼王 主獸鬼王 四目鬼王 主魃鬼王 注善童
목판관 주산귀왕 주수귀왕 사목귀왕 주발귀왕 주선동
子 注惡童子 日直使者 月直使者
자 주악동자 일직사자 월직사자

至心乞請 第九王各陪 六曹皇甫判官 府曹陳判官 大山
지심걸청 제구왕각배 육조황보판관 부조진판관 대산
胡判官 大山董判官 大山熊判官 主命鬼王 五目鬼王
호판관 대산동판관 대산웅판관 주명귀왕 오목귀왕
主疾鬼王 主陰鬼王 注善童子 注惡童子 日直使者 月
주질귀왕 주음귀왕 주선동자 주악동자 일직사자 월
直使者
직사자

至心乞請 第十王各陪 六曹睦判官 大山鄭判官 大山趙
지심걸청 제십왕각배 육조목판관 대산정판관 대산조
判官 大山鄔判官 大山李判官 時通卿判官 中元葛將軍
판관 대산오판관 대산이판관 시통경판관 중원갈장군
産殃鬼王 主福鬼王 注善童子 注惡童子 日直使者 月直
산앙귀왕 주복귀왕 주선동자 주악동자 일직사자 월직
使者
사자

泰山府君 難思難量 聖位都前 不知名位判官都前 不知
태산부군 난사난량 성위도전 부지명위판관도전 부지
名位鬼王都前 不知名位靈官都前 不知名位使者都前
명위귀왕도전 부지명위영관도전 부지명위사자도전
不知名位一切眷屬都前
부지명위일체권속도전

1576년에 간행된 『예수시왕생칠재의찬요』와 동일한 구성과 가사는 『석문의범』에도 실려 있는데[126] 가사와 해석[127]은 다음과 같다.[128]

南無 一心奉請 大悲爲本 陰陽二界 現無邊身 廣濟群迷
나무 일심봉청 대비위본 음양이계 현무변신 광제군미
世尊收化 而白佛言 末世衆生 我乃盡度 居歡喜國 南方
세존수화 이백불언 말세중생 아내진도 거환희국 남방
化主 今日道場 若不降臨 誓願安在 是我本尊 地藏大聖
화주 금일도량 약불강림 서원안재 시아본존 지장대성
爲首 龍樹菩薩 觀世音菩薩 常悲菩薩 陀羅尼菩薩 金剛
위수 룡수보살 관세음보살 상비보살 다라니보살 금강
藏菩薩 道明和尙 無毒鬼王 六大天王 第一秦廣大王 第
장보살 도명화상 무독귀왕 육대천왕 제일진광대왕 제
二初江大王 第三宋帝大王 第四五官大王 第五閻羅大
이초강대왕 제삼송제대왕 제사오관대왕 제오염라대
王 第六變成大王 第七泰山大王 第八平等大王 第九都
왕 제륙변성대왕 제칠태산대왕 제팔평등대왕 제구도
市大王 第十五道轉輪大王 興大悲心 攝受齋者 現增福
시대왕 제십오도전륜대왕 흥대비심 섭수재자 현증복
壽 當生淨刹
수 당생정찰

지성귀의 하사옵고 일심봉청 하나이다 크나크신 사랑으로 본바탕을 삼으시고 음계양게 어디에나 가없는몸 나투시사 널리널리 미욱한 이 제도하는 분이시여 세존교화 거두시고 부처님께 아뢰기를 오는세상 말법세의 한량없는 중생들을 내가모두 제도하고 제도불사 끝이나면 환희국에 머무면서 남방화주 되오리다 그러므로 오늘여기 재를닦

---

126) 安震湖 編, 『釋門儀範(上)』, 204~207쪽.
127) 東峰正休 譯, 『일원곡 7』, 99~105쪽.
128) 다만, 대례왕공문 화청의 원아게의 역할을 하는 축원문형식의 가사에 차이가 있을 뿐이나 그 목적과 내용은 대동소이(大同小異)하다.

는 이도량에

    만일오지 않는다면 서원대로 머무오리 이와같이 부처님께 크신원력 세우오신 우리들의 본존으로 <u>지장대성 비롯하여 용수보살 관음보살 상비보살 다라니와 금강장과 도명화상 무독귀왕 육대천왕 첫번째로 진광대왕 두번째로 초강대왕 세번째로 송제대왕 네번째로 오관대왕 다섯째로 염라대왕 여섯째로 변성대왕 일곱째로 태산대왕 여덟째로 평등대왕</u>

    <u>아홉째로 도시대왕 열째오도 전륜대왕 이와같이 한량없고 위대하신 분들이여 크신사랑 크신마음 모름지기 일으키사 오늘여기 재자들을 빠짐없이 섭수하고 살아서는 복과수명 더욱늘게 하시옵고 죽은뒤엔 서방정토 왕생하게 하옵소서</u>129)

至心乞請 第一王各陪 泰山柳判官 泰山周判 官太130)
지심걸청 제일왕각배 태산유판관 태산주판 관태
陰夏候判官 那利失鬼王 惡毒鬼王 負石鬼王 大諍鬼王
음하후판관 나리실귀왕 악독귀왕 부석귀왕 대쟁귀왕
注善童子 注惡童者 日直使者 月直使者 興大悲心 攝受
주선동자 주악동자 일직사자 월직사자 흥대비심 섭수
齋者 現增福壽 當生淨刹
재자 현증복수 당생정찰

    지심으로 걸청하고 지심걸청 하나이다 첫째왕을 시봉하는 태산주재 류판관과 태산주재 주판관과 태음주재 하후판관 나리실귀 악독귀왕 부석귀왕 대쟁귀왕 주선동자 주악동자 일직사자 월직사자 대비심

---

129) 밑줄부분이 원문의 해석으로 볼 수 있다.
130) 원문에는 「관태」가 「대(大)」로 기술되어 있다.

을 일으키어 재자들을 섭수하고 살아서는 복과수명 더욱늘게 하시옵
고 죽은뒤엔 서방정토 왕생하게 하옵소서

至心乞請 第二王各陪 泰山王判官 泰山宋判官 都推盧
지 심 걸 청　제 이 왕 각 배　태 산 왕 판 관　태 산 송 판 관　도 추 노
判官 泰山楊判官 大那利失鬼王 上元周將軍 三目鬼王
판 관　태 산 양 판 관　대 나 리 실 귀 왕　상 원 주 장 군　삼 목 귀 왕
血虎鬼王 多惡鬼王 注善童子 注惡童子 日直使者 月直
혈 호 귀 왕　다 악 귀 왕　주 선 동 자　주 악 동 자　일 직 사 자　월 직
使者 興大悲心 攝受齋者 現增福壽 當生淨刹
사 자　흥 대 비 심　섭 수 재 자　현 증 복 수　당 생 정 찰

　지심으로 걸청하고 지심걸청 하나이다 둘째왕을 시봉하는 태산주
재 왕판관과 태산주재 송판관과 도추주재 노판관과 태산주재 양판관
과 대나리실 귀왕이며 상원으로 주장군과 세눈박이 귀왕이며혈호귀
왕 다악귀왕 가지가지 귀왕들과 선과악을 쏟아붓는 주선동자 주악동
자 낮과밤을 주관하는 일직사자 월직사자 크신사랑 크신마음 모름지
기 일으키사 오늘여기 재자들을 빠짐없이 섭수하고살아서는 복과수
명 더욱늘게 하시옵고 죽은뒤엔 서방정토 왕생하게 하옵소서

至心乞請 第三王各陪 泰山河判官 泰[131)]山柳判官 司
지 심 걸 청　제 삼 왕 각 배　태 산 하 판 관　태　산 유 판 관　사
命判官 司祿判官 泰山舒判官 下元唐將軍 白虎鬼王 赤
명 판 관　사 록 판 관　태 산 서 판 관　하 원 당 장 군　백 호 귀 왕　적
虎鬼王 注善童子 注惡童子 日直使者 月直使者 興大悲
호 귀 왕　주 선 동 자　주 악 동 자　일 직 사 자　월 직 사 자　흥 대 비
心 攝受齋者 現增福壽 當生淨刹
심　섭 수 재 자　현 증 복 수　당 생 정 찰

---

131) 원문에는 「태」가 「대(大)」로 기술되어 있다.

지심으로 걸청하고 지심걸청 하나이다 셋째왕을 시봉하는 태산주재 하판관과 태산주재 류판관과 목숨맡은 사명판관 기록맡은 사록판관 태산주재 서판관과 하원으로 당장군과 백호귀왕 적호귀왕 선과악을 쏟아붓는 주선동자 주악동자 낮과밤을 주관하는 일직사자 월직사자 이름지위 알수없는 한량없는 이들이여 크신사랑 크신마음 모름지기 일으키사

오늘여기 재자들을 빠짐없이 섭수하고 살아서는 복과수명 더욱늘게 하시옵고 죽은뒤엔 서방정토 왕생하게 하옵소서

至心乞請 第四王各陪 泰山蕭判官 泰山勝判官 諸司檢
지심걸청 제사왕각배 태산소판관 태산승판관 제사검
覆判官 司曹裵判官 飛身鬼王 那利叉鬼王 電光鬼王 注
복판관 사조배판관 비신귀왕 나리차귀왕 전광귀왕 주
善童子 注惡童子 日直使者 月直使者 興大悲心 攝受齋
선동자 주악동자 일직사자 월직사자 흥대비심 섭수재
者 現增福壽 當生淨刹
자 현증복수 당생정찰

지심으로 걸청하고 지심걸청 하나이다 넷째왕을 시봉하는 태산주재 소판관과 태산주재 승판관과 모든것을 검찰하여 가려내고 덮어주는 제사검복 판관사조 배판관과 비신귀왕 나리차귀 전광귀왕 선과악을 쏟아붓는 주선동자 주악동자 낮과밤을 주관하는 일직사자 월직사자 이름지위 알수없는 한량없는 이들이여 크신사랑 크신마음 모름지기 일으키사

오늘여기 재자들을 빠짐없이 섭수하고 살아서는 복과수명 더욱늘게 하시옵고 죽은뒤엔 서방정토 왕생하게 하옵소서

至心乞請 第五王各陪 泰山洪判官 注司馬判官 司曹判
官 惡福趙判官 儀同崔判官 千照鬼王 啗獸鬼王 狼牙鬼
王 大那利叉鬼王 注善童子 注惡童子 日直使者 月直使
者 興大悲心 攝受齋者 現增福壽 當生淨刹

지심으로 걸청하고 지심걸청 하나이다 다섯째왕 시봉하는 태산주
재 홍판관과 명사맡은 마판관과 육조맡은 판관이며 악과복의 판관이
며 예절맡은 판관이며 천조귀왕 담수귀왕 낭아귀왕 대나리차 선과악
을 쏟아붓는 주선동자 주악동자 낮과밤을 주관하는 일직사자 월직사
자 이름지위 알수없는 한량없는 이들이여 크신사랑 크신마음 모름지
기 일으키사

오늘여기 재자들을 빠짐없이 섭수하고 살아서는 복과수명 더욱늘
게 하시옵고 죽은뒤엔 서방정토 왕생하게 하옵소서

至心乞請 第六王各陪 功曹鄭判官 法曹胡判官 泰山屈
判官 太陰注失判官 主禍鬼王 主耗鬼王 主食鬼王 阿那
吒鬼王 注善童子 注惡童子 日直使者 月直使者 興大悲
心 攝受齋者 現增福壽 當生淨刹

지심으로 걸청하고 지심걸청 하나이다 여섯째왕 시봉하는 공조로
서 조판관과 법조로서 호판관과 태산주재 굴판관과 태음주재 주실판
관 가이없는 판관들과 주화귀왕 주모귀왕 주식귀왕 아나타귀 선과악
을 쏟아붓는 주선동자 주악동자 낮과밤을 주관하는 일직사자 월직사

자 이름지위 알수없는 한량없는 이들이여 크신사랑 크신마음 모름지기 일으키사 오늘여기 재자들을 빠짐없이 섭수하고 살아서는 복과수명 더욱늘게 하시옵고 죽은뒤엔 서방정토 왕생하게 하옵소서

至心乞請 第七王各陪 五道屈判官 泰山黃判官 泰山薛
지심걸청 제칠왕각배 오도굴판관 태산황판관 태산설
判官 掌算判官 主財鬼王 大阿那吒鬼王 主畜鬼王 主禽
판관 장산판관 주재귀왕 대아나타귀왕 주축귀왕 주금
鬼王 注善童子 注惡童子 日直使者 月直使者 興大悲心
귀왕 주선동자 주악동자 일직사자 월직사자 흥대비심
攝受齋者 現增福壽 當生淨刹
섭수재자 현증복수 당생정찰

    지심으로 걸청하고 지심걸청 하나이다 일곱째왕 시봉하는 오도주재 굴판관과 태산주재 황판관과 태산주재 설판관과 인장맡은 장인판관 경리맡은 장산판관 주재귀왕 대아나타 주축귀왕 주금귀왕 선과악을 쏟아붓는 주선동자 주악동자 낮과밤을 주관하는 일직사자 월직사자 이름지위 알수없는 한량없는 이들이여 크신사랑 크신마음 모름지기 일으키사 오늘여기 재자들을 빠짐없이 섭수하고 살아서는 복과수명 더욱늘게 하시옵고 죽은뒤엔 서방정토 왕생하게 하옵소서

至心乞請 第八王各陪 功曹蕭判官 泰山凌判官 泰山睦
지심걸청 제팔왕각배 공조소판관 태산능판관 태산목
判官 主産鬼王 主獸鬼王 四目鬼王 主魃鬼王 注善童子
판관 주산귀왕 주수귀왕 사목귀왕 주발귀왕 주선동자
注惡童子 日直使者 月直使者 興大悲心 攝受齋者 現增
주악동자 일직사자 월직사자 흥대비심 섭수재자 현증
福壽 當生淨刹
복수 당생정찰

    지심으로 걸청하고 지심걸청 하나이다 여덟째왕 시봉하는 공조로

서 소판관과 태산주재 능판관과 태산주재 목판관과 해산맡은 주산귀
왕 짐승맡은 귀왕이며 네눈박이 귀왕이며 도깨비들 귀왕이며 선과악
을 쏟아붓는 주선동자 주악동자 낮과밤을 주관하는 일직사자 월직사
자 이름지위 알수없는 한량없는 이들이여 크신사랑 크신마음 모름지
기 일으키사 오늘여기 재자들을 빠짐없이 섭수하고 살아서는 복과수
명 더욱늘게 하시옵고 죽은뒤엔 서방정토 왕생하게 하옵소서

至心乞請 第九王各陪 六曹皇甫判官 府曹陳判官 泰山
지심걸청 제구왕각배 육조황보판관 부조진판관 태산
胡判官 泰山董判官 泰山熊判官 主禽鬼王 五目鬼王 主
호판관 태산동판관 태산웅판관 주금귀왕 오목귀왕 주
疾鬼王 主陰鬼王 注善童子 注惡童子 日直使者 月直使
질귀왕 주음귀왕 주선동자 주악동자 일직사자 월직사
者 興大悲心 攝受齋者 現增福壽 當生淨刹
자 흥대비심 섭수재자 현증복수 당생정찰

지심으로 걸청하고 지심걸청 하나이다 아홉째왕 시봉하는 육조맡
은 황보판관 부조로서 진판관과 태산주재 호판관과 태산주재 동판관
과 태산주재 웅판관과 주금귀왕 오목귀광 주질귀왕 주음귀왕 선과악
을 쏟아붓는 주선동자 주악동자 낮과밤을 주관하는 일직사자 월직사
자 이름지위 알수없는 한량없는 이들이여 크신사랑 크신마음 모름지
기 일으키사오늘여기 재자들을 빠짐없이 섭수하고 살아서는 복과수
명 더욱늘게 하시옵고 죽은뒤엔 서방정토 왕생하게 하옵소서

至心乞請 第十土各陪 六曹睦判官 泰山鄭判官 泰山趙
지심걸청 제십왕각배 육조목판관 태산정판관 태산조
判官 泰山鄔判官 泰山李判官 時通卿判官 中元葛將軍
판관 태산오판관 태산이판관 시통경판관 중원갈장군

產殃鬼王 主福鬼王 注善童子 注惡童子 日直使者 月直
산앙귀왕 주복귀왕 주선동자 주악동자 일직사자 월직
使者 興大悲心 攝受齋者 現增福壽 當生淨刹
사자 흥대비심 섭수재자 현증복수 당생정찰

지심으로 걸청하고 지심걸청 하나이다 열째왕을 시봉하는 육조맡은 목판관과 태산주재 정판관과 태산주재 조판관과 태산주재 오판관과 태산주재 이판관과 짬을주는 경판관과 중원으로 갈장군과 재앙낳는 귀왕이며 복을맡은 귀왕이며 선과악을 쏟아붓는 주선동자 주악동자 낮과밤을 주관하는 일직사자 월직사자 크신사랑 크신마음 모름지기 일으키사오늘여기 재자들을 빠짐없이 섭수하고 살아서는 복과수명 더욱늘게 하시옵고 죽은뒤엔 서방정토 왕생하게 하옵소서

泰山府君難思難量 不知名位聖位都前 不知名位判官
태산부군난사난량 부지명위성위도전 부지명위판관
都前 不知名位鬼王都前 不知名位靈官都前 不知名位
도전 부지명위귀왕도전 부지명위영관도전 부지명위
使者都前 不知名位一切眷屬都前 興大悲心 攝受齋者
사자도전 부지명위일체권속도전 흥대비심 섭수재자
現增福壽 當生淨刹
현증복수 당생정찰

헤아릴수 전혀없는 태산부군 비롯하여 이름지위 알수없는 높은자리 모든분들 이름지위 알수없는 판관으로 모든분들 이름지위 알수없는 귀왕으로 모든분들 이름지위 알수없는 영관으로 모든분들 이름지위 알수없는 사자로서 모든분들 이름지위 알수없는 권속으로 모든분들 지극정성 기울여서 모두함께 청하오니 크신사랑 크신마음 모름지기 일으키사오늘여기 재자들을 빠짐없이 섭수하고 살아서는 복과수명 더욱늘게 하시옵고 죽은뒤엔 서방정토 왕생하게 하옵소서

예수재는 『불설수생경』에서 밝힌 것처럼 살아있는 생자를 대상으로 전생의 빚을 갚는 의식이다. 그러므로 화청을 행하기에 앞서 지장보살을 포함한 모든 불·보살에게 귀의하고 명부세계 시왕을 비롯한 성현에게 살아서는 복과 수명을 늘게 하고 죽은 뒤엔 극락세계에 왕생하길 발원하는 내용을 담은 축원문이 포함하여 전한다.132)

특히, 화청에서 청하는 성현은 명부시왕을 보필하는 일체 성현이 포함되어 있는데 『예수천왕통의』엔 지장보살을 시작으로 명부시왕 26위와 삼원장군·이부동자 37위, 감재사자 등의 토지영관 97위를 비롯하여 각배종관 162위 등 모두, 259위의 성현이 있음을 기술하고 찬술자인 육화도 「명도전」에 근거하여 종관목록이 일체사자를 포함해 272위임을 밝히고133) 있다. 이런 이유로 인해 예수재 화청 마지막엔 이름과 지위를 알 수 없는 헤아릴 수 없는 성현까지도 강림할 것을 노래하고 있다.

그러므로 예수재 화청은 지장보살과 명부시왕을 포함한 불·보살에게 귀의하고 명부시왕을 보필하는 일체 성현을 청해 생자가 살아있을 땐 복과 수명이 늘고 죽은 뒤에 극락왕생함을 발원하는 것으로 봐야한다.

예수재 화청의 절차 구성은 『예수시왕생칠재의찬요』의 저본에 따라 절차를 달리하고 있는데 1576년 안동 광흥사 본에서는 제25, 「보신배헌편」(普伸拜獻篇)에서 가지게와 오공양을 행한 다음 공양진언과 회향진언을 운(云)한 뒤에 금강경을 염송한 후 화청으로 이어가는 구성을 띠고 있으며 1576년 본에 비해

---

132) 물본 이와 같은 축원문은 앞서 살펴본 내례왕공문의 원아게와 동일한 목적으로 행했을 가능성이 있지만 현행 의식에서는 찾아볼 수 없다.
133) 慧日明照, 『예수재 -見機而作形 齋 儀式 節次를 중심으로-』, 50쪽.

각단 관욕과 공양의식을 축소한 형태로 전해지는 1632년, 삭녕 용복사 본에서는 제25, 「보신회향편」(普伸回向篇)에 중단 공양의식과는 무관하게 등장하고 있다.134) 『석문의범』에서 밝힌 예수재의 중단권공 제28, 「가지변공편」(加持變供篇)에는 화청의 절차를 알 수 있도록 설명문을 소개하고 있는데135) 먼저, 가지게와 오공양을 행한 다음 보공양진언과 보회향진언 그리고 금강심진언과 성취진언, 보궐진언을 염송하며 이어 탄백을 한 다음 시왕전에 봉전을 옮긴 뒤 고사단을 한 다음 반야심경을 삼편(三遍) 외운 후 화청을 하도록 주문하고 있다.

그러므로 의식이 축소된 형태인 1632년 본을 제외한 1576년 본과 『석문의범』의 예수재 중단권공에서 행하는 화청의 절차 구성을 다음과 같이 정리할 수 있다.

가지게 ⇨ 오공양 ⇨ 공양진언 ⇨ 회향진언 ⇨ (금강심·성취·보궐진언) ⇨ 금강경(반야심경) ⇨ 탄백 ⇨ **화청** ⇨ 축원

---

134) 이와 같이 저본에 따라 의식 절차의 차이가 들어나는 것에 관해 필자는 저서인 『예수재』, 272~75쪽에 『예수시왕생칠재의찬요』가 저본에 따라 상·중단에 설행하는 관욕의식과 각단 공양의식 등을 생략·축소하는 등의 변화가 있음을 밝힌 바있다. 그러나 이는 화청의 정의와 내용을 살피는 것과는 무관하기 때문에 여기에선 더 이상 언급하지 않는다.

135) 「普供養眞言 普回向眞言 次誦金剛心呪 次 成就呪 補闕呪 后 歎白 當伊時至十王壇 奉錢退于庫司壇也 次誦般若心經三遍 後 和請」, 安震湖 編, 『釋門儀範(上)』, 204~207쪽.

(4) 화청의 정의와 범주

수륙재와 운수단(운수청)·대례왕공문과 예수재의 저본인 조선시대에 간행된 다양한 의식집을 통해 화청이 범패에 포함된 한역으로 이뤄진 의식임을 확인하였다. 의식집을 근거로 한 화청의 정의는 "다양한 불·보살과 일체 성현을 청하는 것"은 분명해 보인다.

그러나 화청의 정의를 이처럼 단순하게 단언하기엔 부족한 면이 많다. 왜냐하면 화청의 정의를 명확하게 내리기 위해서는 전해지는 문헌 자료를 좀 더 면밀히 분석하고 폭넓게 이해하여 근거자료에 의한 의견 접근을 이뤄야 비로소, 누구나 공감할 수 있는 화청의 정의가 정립될 수 있기 때문이다. 그러기 위해서는 첫째, 화청이 범패처럼 전통적인 선율을 얹어 노래되어졌을 가능성을 열어둬야 한다.

1) 노래로 행하는 화청

물론, 지금까지의 설명만으로도 화청의 정의를 올바르게 재인식할 수 있지만 과연, 화청을 음악적으로 범패에 포함시킬 수 있겠느냐는 의문점이 들 수 있다. 그러나 필자는 다음과 같은 이유로 불·보살과 일체 성현을 노래로서 청했을 것으로 확신한다.

〈그림 15〉『예수시왕생칠재의찬요』[136] 중단,
보신회향편(普伸廻向篇)의 화창(和唱)[137]

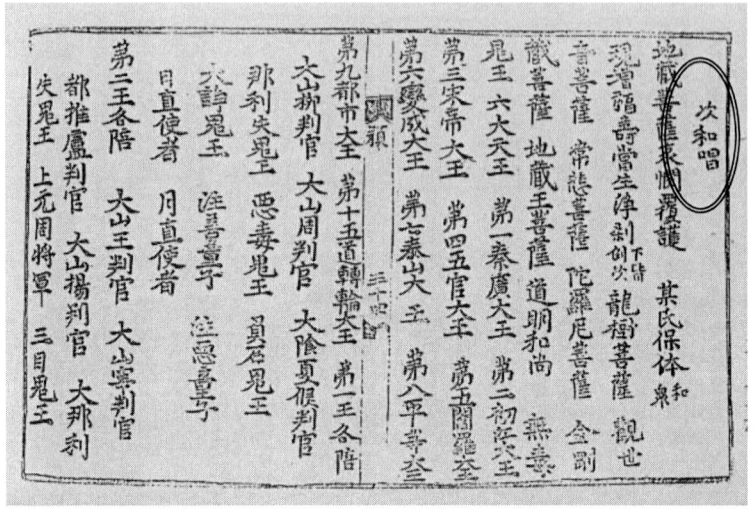

〈그림 15〉는 앞서 살핀 예수재의 또 다른 저본인 1632년, 삭녕 용복사 본에 등장하는 화청이다. 그런데 동일한 화청을 여기에선 '화창', 즉 조화롭게 노래할 것으로 표기하고 있다. 국문학을 전공하지 않는 비전문가에 입장인 필자는 '청(請)'을 '(특정한 대상을) 청하거나 부르거나 빌거나 알현' 하기 위해 주로 사용되는 말로, '창(唱)'은 '(어떤 가사를) 노래하거나 부르거나 주장'할 때 쓰는 말로 인지하고 있다. 물론 우리말로 했을 땐 두 글자 모두 '(무엇을) 부른다'의 의미가 포함되어 있겠지만 엄연히 다른 언어적 표현으로 받아들인다.

---

136) 본서는 대우(大愚)가 집술(集述)한 것으로 1632년(인조(仁祖)10·숭정(崇禎)5 임신(壬申)) 경기도(京畿道) 삭녕(朔寧) 수청산(水淸山) 용복사(龍腹寺)에서 간행(刊行)한 목판본(木版本)이다. 朴世敏 編,『韓國佛敎儀禮資料叢書』, 第2輯, 98쪽.

그러므로 여기에 쓰인 화창이란 의식에 참여하고 있는 사부대중이 '성현의 명호를 조화롭게 노래하여 청하는 것'으로 볼 수 있다. 그러므로 음악적인 선율과 장단은 『화청보고서』에 소개하고 있는 불·보살과 성현의 명호를 노래하는 다양한 장단138)을 사용했을 가능성은 얼마든지 있다.

2. 장단(長短)의 특징(特徵) 및 종류(種類)

① 보통(普通) 화청(和請) 장단(長短)

좀 빠른 템포로 된 전(全) 열세마디의 부정형(不定型) 장단(長短)

엄숙하면서도 화평(和平)한 것이 특징(特徵)

② 축원(祝願) 화청(和請) 장단(長短)

세마치 장단(長短)으로 삼박(三拍)의 되풀이가 계속되는데 같은 삼박(三拍) 세마치 가락을 요리조리 변화(變化)시키고 상식한 것이 특징(特徵)

③ 관음(觀音) 정진(精進) 북 장단(長短)

타령 형(型)의 흥취 있는 약동적인 가락이다.

전(全) 삼오소절(三五小節)의 리듬

---

137) 朴世敏 編, 『韓國佛敎儀禮資料叢書』, 第2輯, 116쪽.
138) 文化財管理局 編著, 『無形文化財調査報告書 第9輯(65號~68號)』, 36~37쪽.

④ 아미타불 염불(念佛) 장단(長短)

좀 빠른 육박(六拍)의 단조로운 리듬으로 약간 경쾌한 모습을 띤 전(全) 사일(四一) 장단의 리듬이다.

⑤ 염불(念佛) 장단(長短)

염불(念佛) 북은 광쇠와 북으로 얽혀진 특이(特異)한 가락으로 전(全) 오구박(五九拍)의 부정형(不定型) 장단(長短)이다.

바다를 연상하는 음색(音色)인 광쇠는 치면서도 살짝 음향(音響)을 막느라고 접어스치는 음(音)은 (♪)으로 표시(表示)

매력적인 리듬 조화(調和)를 이루고 있는 것이 특징(特徵)

⑥ 장엄 염불(念佛) 장단(長短)

염불(念佛) 북과 같이 북과 광쇠 혼합(混合)으로 얽어진 리듬이다.

전(全) 구사박(九四拍)의 방대한 가락이다.

왜냐하면 『화청보고서』에서 소개하고 있는 장단은 ①을 제외하곤 모두, 조선불교 재 의식에서 불·보살의 명호를 염송할 때 연주하는 장단으로 볼 수 있기 때문이다. 현행 불교 의식에서도 불·보살의 명호를 염송할 때 『화청보고서』에서 소개하고 있는 다양한 연주 기법을 활용하고 있는 점은 이 같은 추측을 가능하게 하는데, 장단이란 것이 어제 만들어져 오늘 행하는 것이 아닌 이상, 조선시대에 설행된 재 의식에 등장하는 화청에도 충분히 예문과 같은 연주가 가능했을 것으로 보인다.139) 그러므로 화청은 범패에 포함된, 선율과 장단이 공존한 노래로 전승했을 것으로 본다.

2) 음악적인 행위를 유도하는 지시어(指示語)로의 화청

둘째, 또 다른 한편으론 굳이 불·보살을 청해 노래하지 않더라도 음악적인 행위를 유도하는 목적으로 화청이란 명칭이 쓰였을 가능성인데 이는 다음의 자료 때문이다.

<그림 16> 『천지명양수륙재의범음산보집』[140] 권상(卷上), 대분수작법(大焚修作法) 중 십악화청(十惡和請)[141]

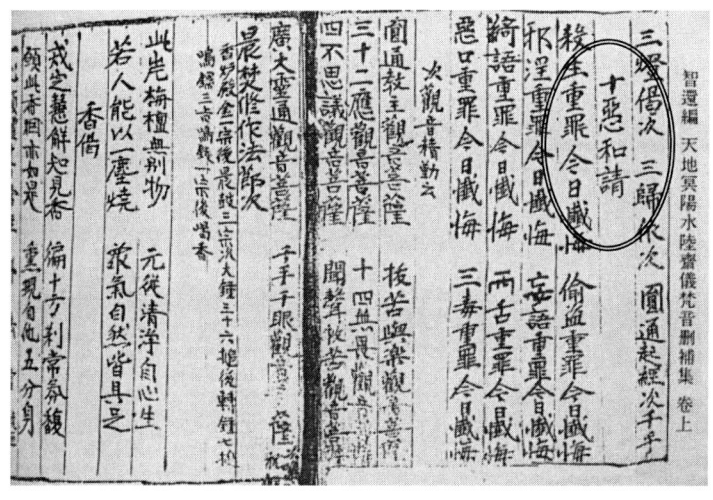

---

139) 물론 확인할 수 없지만 말이다. 그러나 '화창'의 의미에서 보이듯 음악적 장단에 선율을 얹는다면 자연스럽게 노래하는 것으로 비춰지지 않았을까? 굳이 노래하지 않았다면 왜 '화창'으로 표현했을까?

140) 본서는 지환(智還)이 편집(編集)한 것으로 1721년(경종(景宗)1·강희(康熙)60 신축(辛丑)) 경기도(京畿道) 양주(楊洲) 삼각산(三角山) 중흥사(重興寺)에서 개간(開刊)한 목판본(木版本)이다. 朴世敏 編, 『韓國佛教儀禮資料叢書』, 제3輯, 2쪽.

<그림 17> 도림사 본 『천지명양수륙재의범음산보집』 권상, 분수작법절차의 참회문[142]

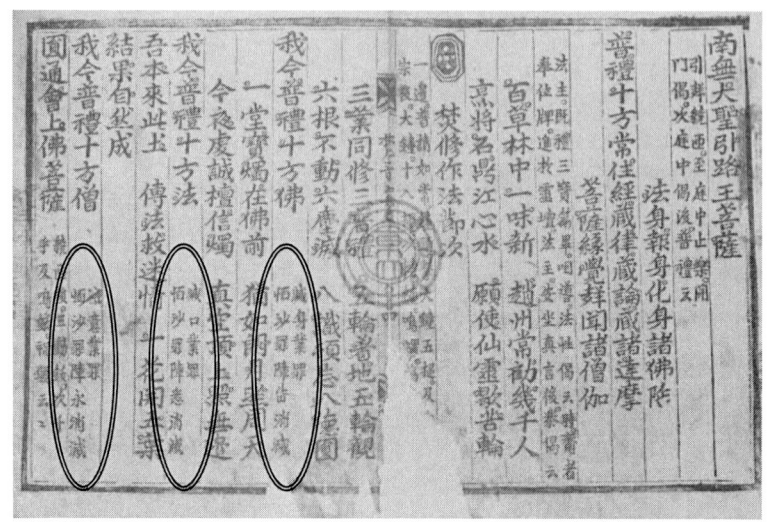

내용은 분명, 우리가 쉽게 접할 수 있는 『천수경』에 등장하는 십악참회(十惡懺悔)와 동일한 가사를 보여주는, 분명 "10가지 죄업을 참회하는 화청"이라고 기술되어 있다. 그렇다면 화청이 "다양한 불·보살과 일체 성현을 청하는 것"이란 정의로 쓰이지 않았을 수도 있지 않겠는가? 물론 쓰이지 않았을 수도 있다. 그러나 필자는 〈그림 16: 1721년, 삼각산 중흥사 본〉에 등장하는 십악화청이 〈그림 17: 1739년 도림사 본〉에서는 신·구·의 삼업(三業)을 참회하여 죄업이 소멸하길 발원하는 내용의 의식문(설명문)으로만 기술되어진 것을 확인하였다.

141) 朴世敏 編, 『韓國佛敎儀禮資料叢書』, 第3輯, 6쪽.
142) 동국대학교 중앙도서관 소장, 『천지명양수륙재의범음산보집』엔 「멸신업죄·멸구업

동일한 목적으로 간행된 또 다른 『범음집』, 십악참회에서 화청이란 명칭이 쓰이지 않고 있음은 곧 '십악화청'이 보편적이지 못한 명칭일 것으로 추측할 수 있다. 십악화청이란 명칭은 1721년 간행된 『범음집』에서만 확인할 수 있는 것으로 보이는데[143] 필자는 『범음집』외 다른 의식집, 십악참회 부분에서 "십악화청"이나 "화청하라"는 설명문은 찾아볼 수 없는 것에 주목하여 『범음집』에 등장하는 십악화청에서의 화청만큼은 "(십악참회를) 조화롭게 (노래)할 것"이라는 지시어(指示語)로 쓰였을 것으로 추측해 본다.[144]

다양한 의식집을 살피다보면 의식을 진행하면서 참석대중에게 불·보살의 명호를 부르게 한다든지, 때론 마음속으로 가피를 이루도록 서원하라든지, 의식에 동참하라는 등의 동참자의 행위를 유도하는 지시어가 자주 등장하는 것을 볼 수 있다.

죄·멸의업죄 ??죄장실소멸"(滅身業罪·滅口業罪·滅意業罪 ??罪障悉消滅)이란 참회에 대한 가사만 존재할 뿐 화청에 관한 언급은 찾아볼 수 없다.

143) 1739년 간행된 도림사 본 『범음집』이 설명문 중심으로 기술되었다고 하더라도 〈그림 10〉과 같이 중단권공의식에 화청이 등장할 경우엔 화청을 행할 것을 풀어 설명하고 있다. 그러므로 십악참회가 아닌 신·구·의 삼업에 관한 참회문이라도 만약 화청을 행하는 것이 보편적이었다면 삼업을 참회하는 의식문 어디라도 화청이란 단어가 기술될 수 있었을 것으로 생각한다.

144) 『천지명양수륙재의범음산보집』은 크게 전라도 곡성 도림사 2권 본과 삼각산 중흥사 3권 본 그 외 약 6종의 이본(異本)이 존재하는 것으로 파악되고 있다. 지환은 설명문 형식으로 된 2권 본을 먼저 간행한 후 이를 보완하여 3권 본을 간행한 것으로 선해시는데 이때 '십악화청'이란 명칭이 사용된 것으로 보인다. 하지만 '십악화청'은 화청의 명칭이라기 보단 "십악참회를 노래하라"는 지시어로 사용된 것으로 추측한다.

II. 현행 불교 의식의 화청

〈그림 18〉『중봉화상삼시계염의범문』(中峯和尚三時繫念儀範文)[145] 권삼(卷三), 제강(提綱)의 화염(和念)[146]

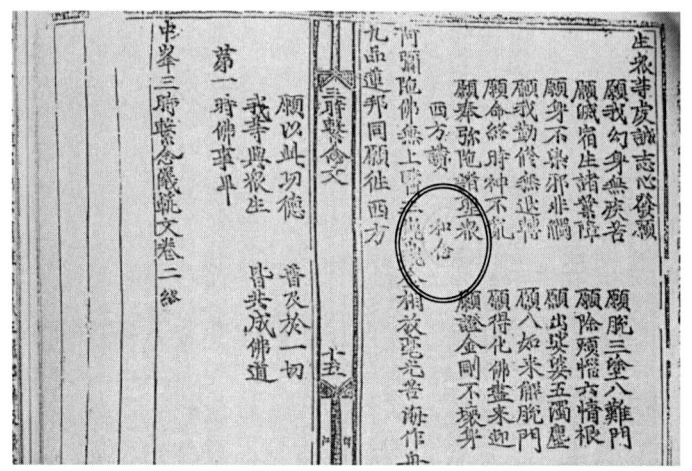

「화염」(和念)이란 특정한 불·보살의 명호를 "외우거나, 소리 내어 부르거나, 생각하는 것"을 의미한다. 이것은 다음에 이어지는 「아미타불」로 시작하는 서방찬(西方讚)을 참석대중 모두 소리 내어 외울 것을 유도하는 지시어로 볼 수 있다.

---

145) 본서는 1706년(숙종(肅宗)30·강희(康熙)45 병술(丙戌)) 월저도안(月渚道安)(1638~1715)이 등서(謄書)하여 간행(刊行)한 목판본(木版本)이다. 朴世敏 編, 『韓國佛敎儀禮資料叢書』, 第2輯, 546쪽.

146) 朴世敏 編, 『韓國佛敎儀禮資料叢書』, 第2輯, 556쪽.

〈그림 19〉『중봉화상삼시계염의범문』권사, 재강의 재화(齋和)[147]

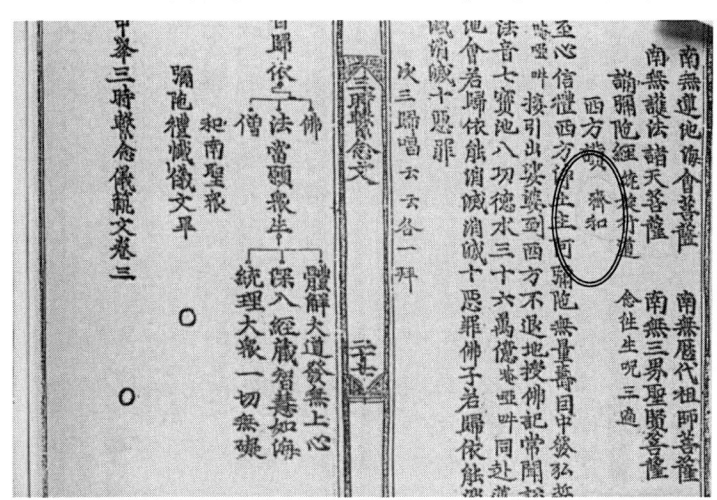

「재화」(齋和) 역시 다음, 「지심신례」로 이어지는 서방찬을 "공경하고 엄숙하게(齋) 임할 것"을 유도하는 지시어로 볼 수 있다. 동일한 목적을 지닌 서방찬이라도 의식집에 따라 「화염」과 「재화」 등의 다른 표현을 쓴다는 것 자체가 가사에 따라 임하는 자세나 행위의 변화를 뜻하는 것으로 볼 수 있다. 그러므로 「화염」과 「재화」는 의식문의 명칭을 지칭하는 것이 아닌 행위를 유도하는 지시어가 맞다.

---

147) 朴世敏 編, 『韓國佛敎儀禮資料叢書』, 第2輯, 562쪽.
148) 본서는 본래 원(元)의 몽산화상(蒙山和尙)이 지은 의식문(儀式文)이다. 양산사(楊山寺)에서 간행(刊行)된 판본(板本)을 견득(見得)하게 되었는데 그 책(冊)은 중첩(重疊)된 부분이 많아 사리(事理)에 맞지 않으므로 1707년(숙종(肅宗)33) 해인사(海印寺) 백련암(白蓮庵)에서 계림사문(鷄林沙門) 동빈(東賓)이 새로 편집(編輯)하여 1710년(숙종(肅宗)36) 풍계집(楓溪集) 간행(刊行)에 잇따라 해인사(海印寺)에서 간행(刊行)한 목판

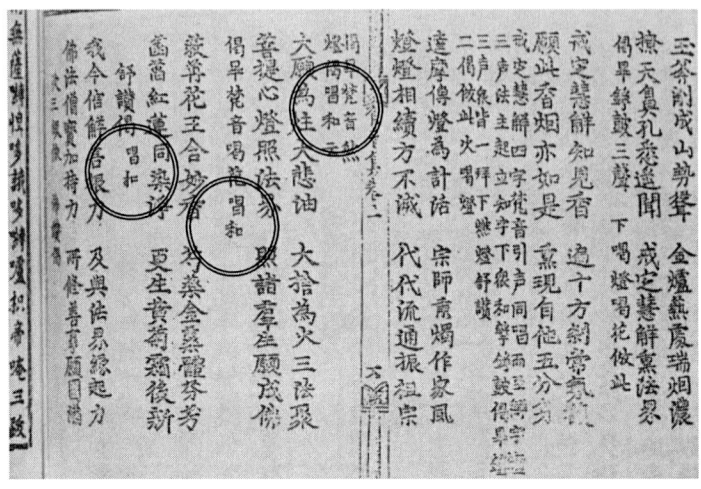

〈그림 20〉『대찰사명일영혼시식의문』(大刹四明日迎魂施食儀文)[148]
영산회작법(靈山會作法) 중 창화(唱和)[149]

「창화」(唱和) 역시, "(다음 게송을) 대중 모두가 소리 내어 노래하도록" 유도하는 지시어가 분명해 보인다. 만약, 「화염」·「재화」·「창화」 등이 행위를 유도하는 지시어가 아닌 의식문의 명칭으로 사용되었다면 설명문 자체가 "~ 다음(次) 화염을 행하라"의 「차」 자(字)와 같은 연결어가 기술되었어야 한다.

주목해야 하는 것은 1721년, 삼각산 중흥사 본『천지명양수륙재의범음산보집』의 「십악화청」을 제외한 모든 화청은 거불(擧佛)·유치(由致)·청사(請詞)와 같이 특정한 목적을 지닌 의식문의 명칭으로 사용되었다. 앞서 살펴본 조선시대에 간행된 다양한『의식문』에서 등장하는 화청과 설명문은 특정한 의

본(木版本)이다. 朴世敏 編,『韓國佛敎儀禮資料叢書』, 第2輯, 571쪽.
149) 朴世敏 編,『韓國佛敎儀禮資料叢書』, 第2輯, 584쪽.

식문을 가리키는 명칭으로 쓰인 것이 분명하기 때문이다. 만약, 십악참회가 특정한 화청의 명칭으로서 존재했다면 당연히 「차 십악화청」(次 十惡和請)으로 표시했어야 했다. 이와 같은 이유를 들어 「십악화청」에서의 「화청」은 「화염」·「재화」·「창화」와 같이 동참자의 행위를 유도하기 위한 지시어로 쓰인 것일 뿐 십악화청이란 특정한 화청의 명칭으로는 존재하지 않았을 것으로 보여지고 『화청보고서』 이후 현재까지 화청의 한 종류로 십악화청을 받아들이는 것 또한, 재고해야 할 것으로 여긴다.

3) 화청의 범주

셋째, 의식에서 꼭, 「지심걸청」·「일심걸청」의 가사로 시작하지 않더라도 그 목적이 불·보살을 청하기 위해 행하는, 예를 들어 지극한 마음과 믿음으로 예(禮)를 올리는 등의 「지심신례」(至心信禮)와 「일심봉청」(一心奉請)과 같은 의식문이라도 성현에게 예를 올리는 목적이 망자 또는 생사가 고통의 바다를 벗어나 정찰에 나길 발원하는 내용으로 구성되어 있다면 충분히 화청의 범주에 포함시킬 수 있을 것으로 본다. 왜냐하면 설행하는 목적 자체가 일체중생이 고통의 바다를 벗어나 정토에 나기를 발원하는 화청의 그것과 동일하고 의식문에서도 "다함께 (무엇인가) 행하도록" 하는 「화청」이란 명칭을 찾아볼 수 있기 때문이다. 그러므로 화청은 무조건 「지심걸청」이나 「일심봉청」으로 시작해야 한다는 고정관념은 수정해야 할 것으로 본다.

---

150) 본서는 지선(智禪)이 불가(佛家)의 의례집(儀禮集)이 보편적이지 못하고 산란(散亂)함을 탄식하여 고금(古今)의 여러 의례집(儀禮集)에서 채록(採錄) 보완(補完)하고 벽암각성(碧岩覺性)이 서문(序文)을 쓰고 교정(校正)을 하여 1661년(현종(顯宗)2·순치(順

〈그림 21〉『오종범음집』(五種梵音集)[150] 권상(卷上), 중례작법(中禮作法) 중단권공 중 화청[151]

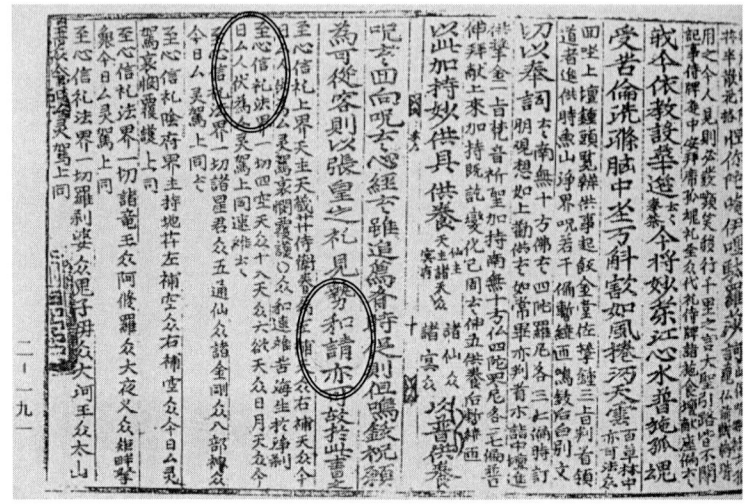

『오종범음집』에서는 이어지는 「지심신례」(지극한 마음과 믿음으로 예를 갖추며)로 시작하는 의식문 앞엔 "조화롭게 성현을 청하라"는 화청이란 명칭을 확인할 수 있다. 또한 전후사정에 가지게와 오공양의식이 등장함을 비춰볼 때, 중단권공이 분명하고 이는 앞서 재 의식에서 확인한 화청의 절차 구성과 동일함을 확인할 수 있다. 그러므로 「지심신례」로 시작한다고 하여 화청이 아니라고 단언할 수는 없다.

治)18 신축(辛丑) 무주(茂朱) 적상산(赤裳山) 호국사(護國寺)에서 개판(開板)한 목판본(木版本)이다. 朴世敏 編,『韓國佛敎儀禮資料叢書』, 第2輯, 180쪽.

151) 朴世敏 編,『韓國佛敎儀禮資料叢書』, 第2輯, 191쪽.

〈그림 22〉 『오종범음집』 권하(卷下)의 운수단(雲水壇)화청 내용[152]

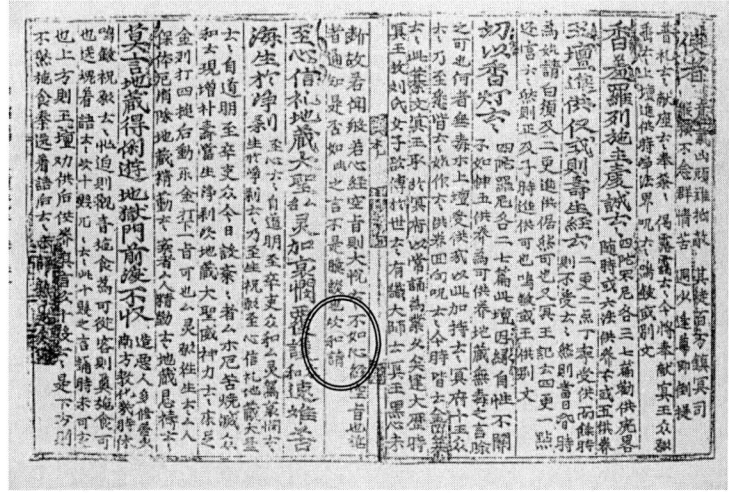

〈그림 23〉 『제반문』(諸般文)[153]의 시왕청(十王請) 권공 중 화청과 내용[154]

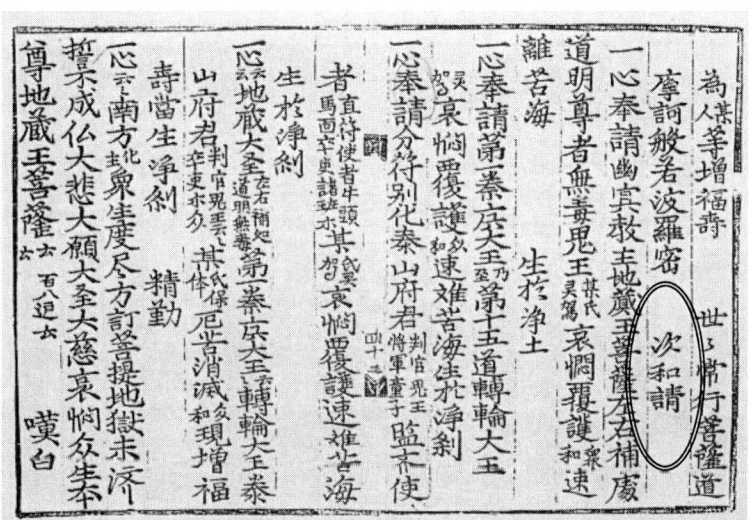

『오종범음집』권하, 운수단과『제반문』, 시왕청 역시, 가사가 비록,「지심신례」와「일심봉청」으로 시작하고 있다 하더라도 그 내용은 화청의 것과 동일하며 의식문의 명칭을 가리키는「차 화청」(次 和請)이란 글귀가 분명하기 때문에 의심할 여지없이 화청으로 봐야 한다.

결국 화청이 무조건「지심걸청」·「일심걸청」으로 시작해야 한다는 고정관념은 더 이상 무의미해 보이고 화청의 목적과 내용만으로 화청을 평가함이 마땅하다고 여긴다.

그러므로 화청이란 "특정한 목적을 갖고 진행하는 재 의식에서 의식에 참여한 모든 이가 소원을 성취하기위한 방편으로 재 의식에 강림하길 발원하는 다양한 불·보살과 일체 성현을 노래로서 청하는 것"으로 봐야 한다.

4) 화청의 인식변화와 의식의 소멸

우리나라는 옛날부터 인쇄기술이 뛰어났다. 고려 고종, 24~35년(1237~1248)에 걸쳐 간행된『팔만대장경』(八萬大藏經)과 1377년, 청주목의 흥덕사(興德寺)에서 금속활자로 인쇄된『불조직지심체요절』(佛祖直指心體要節: 직지심경)만 보더라도 그 기술력이 가히, 세계최고의 수준임은 두말할 필요가 없다. 조선시대에 간행된 수많은 의식집의 대부분이 목판본으로 이뤄진 것도 결코 우연은

---

152) 朴世敏 編,『韓國佛教儀禮資料叢書』, 第2輯, 201쪽.

153) 본서는 1694년(숙종(肅宗)20·강희(康熙)33 갑술(甲戌)) 금구(金溝) 모악산(母嶽山) 금산사(金山寺)에서 개간(開刊)한 편자(編者) 미상(未詳)의 목판본(木版本)이다. 朴世敏 編,『韓國佛教儀禮資料叢書』, 第2輯, 474쪽.

154) 朴世敏 編,『韓國佛教儀禮資料叢書』, 第2輯, 495쪽.

아닌 듯싶다. 그러나 설사, 의식집을 간행할 수 있는 목판이 존재하고 양질의 종이가 마련되어 의식집을 쉽게 엮을 수 있었다고 해도, 누구나 의식집을 소유할 순 없었을 것이다.

조선시대는 수백 년간 지속된 숭유억불정책과 승려들의 끝없는 부역(賦役)이 지속되던 시기였다. 조선시대의 불교교단은 그 사회적 존립기반이 후기로 올수록 더욱 위태해졌으며 승려의 사회적 지위 또한 하락해 갔다. 조선중기 이래, 승려의 사회적 지위가 저하되어 갔음은 승려의 도성(都城) 출입을 금지한 사실에서, 그리고 승려를 천민과 진배없이 간주한 시대적 상황을 통해서 얼마든지 짐작할 수 있다. 조선 후기 승려들의 수행처인 사원은 몇몇 사찰 이외에는 양반 지배층의 탐학(貪虐)의 대상이 되어 황폐해 갔고 승려는 성직자로서의 기능을 하기에는 그 신분이 천민(賤民)과 진배없는 시대였다. 조선후기에 있어서 승려들과 사원에 부과한 각종 부역과 공납으로 사원 경제는 황폐해 갔고 이와 같은 상황을 일컬어 "지방이배(地方吏輩)들이 사찰 승려에 대한 제멋대로의 부역은 당년(當年)의 승려로 하여금 눈물을 백세(百歲)에 남기게 하였던 것이다"라고 평할 만큼 조선후기 승려들에 대한 억압과 수탈은 극도에 이르렀다.[155]

시대적 상황이 이처럼 지속하다보니 설사 목판본, 의식집이 존재하더라도 승려 개인이 소장하며 의식을 진행하는 것은 현실적으로 어려웠음은 자명한 일이다. 그래서 등장하게 된 것이 필사본(筆寫本) 의식집이다. 말 그대로 목판본 의식집을 손으로 직접 옮겨 씀으로서 여러 복사본을 만들고 필요로 하는

---

155) 慧日明照, 『예수재 -見機而作形 齋 儀式 節次를 중심으로-』, 251~52쪽.

이에게 유통시키는 것 말이다. 더군다나 필사할 당시엔 유통을 위해 목판본 의식집 중에서도 대중이 선호하는, 대중이 필요로 하는 의식만을 따로 추려 편집했을 가능성이 크다.

흔히, 전해지는 의식집 중 간행연대와 서사자 등의 정보가 없는 필사본은 모두 이렇게 탄생된 것으로 추정하며 그중 『요집』(要集)·『요집문』(要集文)으로 알려진 의식집은 현재에도 어렵게 않게 구할 수 있어 조선후기 대중적으로 공급된 의식집 중 하나였을 것으로 짐작한다.156)

사실, 필사본이라 하더라도 그 내용은 목판본의 그것과 차이나지 않는다. 그러므로 『요집』과 『요집문』에도 화청과 동일한 의식문이 등장하고 있다. 그러나 의식집에 따라서는 화청의 내용만 있을 뿐 화청이란 명칭을 쓰지 않는 경우가 많다. 또한 내용은 화청과 동일한데도 불구하고 다른 명칭으로 전해지고 있다. 이전 목판본엔 틀림없이 화청이란 명칭이 있었음에도 필사본엔 이와 같은 명칭이 등장하지 않고 있는 이유는 무엇을 의미할까?

---

156) 필사본으로 확인된 『요집문』과 『요집』 등은 승려들이 쉽게 행할 수 있는 다양한 불전(佛殿) 권공의식과 각 청의 약례를 포함하고 있기 때문에 근대에 들어 다른 어떤 의식집보다도 많이 유통된 것으로 범패승의 증언을 통해 확인하였다.

〈그림 24〉『요집문』 대례왕공의 청사(請詞)[157]

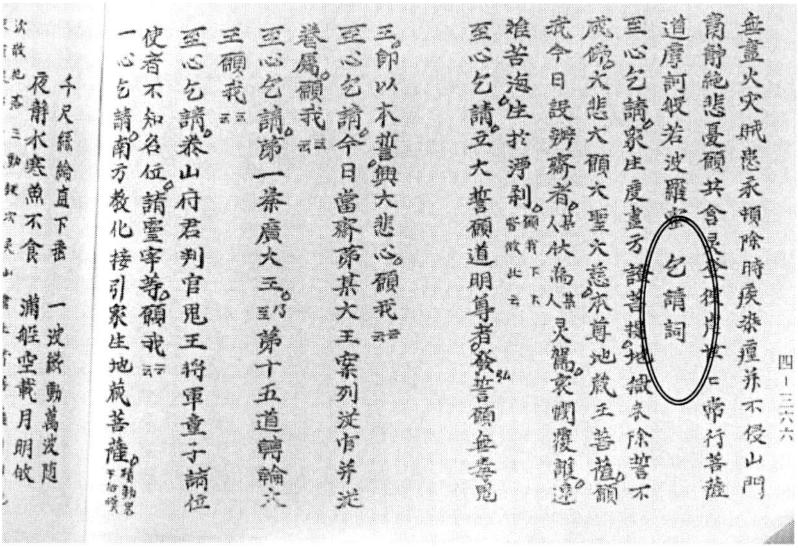
四-三六六

無盡火災賊患永須除時疾染瘟并不侵山門
肅靜絶悲憂願共含靈登彼岸 常行菩薩
道摩訶般若波羅蜜 乞請詞
至心乞請衆生度盡方證菩提地獄未除誓不
成佛大悲大願大聖大慈本尊地藏王菩薩願
承今日設辦齋者 某人伏爲某人 靈駕哀憫覆護
離苦海生於淨刹
至心乞請五大誓願道明尊者發菩願無毒鬼
王卽以本誓興大悲心願我 云云
至心乞請今日當齋第某大王案列從官并從
眷屬願我 云云
至心乞請第一秦廣大王 乃至 第十五道轉輪大
王願我 云云
至心乞請泰山府君判官鬼王將軍童子諸位
使者不知名位諸靈宰等願我 云云
一心乞請南方敎化接引衆生地藏菩薩
千尺絲綸直下垂 一波纔動萬波隨
夜靜水寒魚不食 滿船空載月明歸

『요집문』에서는 대례왕공문 중단권공 의식에 등장하는 화청을 분명 "청사"(請詞)로 표기하고 있다. 물론, 그 내용은 앞서 살펴본 대례왕공문의 화청의 것과 동일하다. 동일한 내용을 청사로 인식하고 있음은 필사하는 과정에서 화청이, 의식의 본문에 해당하는 유치 다음에 행하는 청사의 용도와 별반차이가 없을 것으로 여기고 있었음이 분명해 보인다. 더군다나 모든 화청을 시작하기에 앞서 탄백(歎白)[158]을 하도록 되어 있는데 탄백은 청사 뒤에 등장하는 가영

157) 『요집문』에는 전해지는 대례왕공의 화청을 청사(請詞)로 명시하고 있다. 朴世敏 編, 『韓國佛敎儀禮資料叢書』, 第4輯, 366(하)쪽.

158) 대부분의 의식에서 등장하는 탄백은 청사 뒤에 등장하는 가영, 즉 성현의 강림을 노래하는 게송과 동일하기 때문에 청사로 여기기에 충분하다.

과 동일한 내용과 형태로 이뤄져있어 충분히 화청을 청사로 여길 수 있다.

현재의 승려들도 화청이란 명칭이 쓰이지 않으면 화청과 청사를 뚜렷이 구별하지 못하고 동일한 목적으로 행하는 의식 정도로 인식하기도 한다.『석문의범』을 우리말로 모두 번역한 대한불교조계종 우리절 주지, 동봉정휴 스님도 예수재의 화청을 청사로 접근하고 있는데『일원곡 7』의 설명문159)은 이를 잘 대변해주고 있다.

請詞

> 저본인 ≪석문의범≫ 권상 205쪽에는 [청사]라는 목차가 없지만 내용상으로 보아 [청사]에 해당하므로 산승이 임의로 붙였습니다. 이 아래에 나오는 [지심걸청]도 마찬가지입니다. 그리고 거듭하여 말씀드리지만 편명 뒤에 붙는 數詞는 저본과 약간 다릅니다.

동봉정휴 스님은 불교계를 대표하는 석학 중 하나로 꼽힌다. 그러나『석문의범』에 소개된 예수재의 화청을 그는 청사로 보았다. 화청을 청사로 보는 것은 그만큼 동일한 목적과 내용 전개로 이뤄져 있기 때문에 누구나 화청과 청사를 동일한 의식 정도로 생각할 수 있었을 것이다.

상황이 이렇다 보니 필사하는 과정에서 필사자에 의해 얼마든지 화청이 또 다른 청사의식으로 인식될 소지가 높다. 그리고 만약 화청의 명칭을 청사로 표시한 의식문을, 의식을 진행하는 범패승이 접하게 된다면 당연히, 화청을

---

159) 東峰正休 譯,『일원곡 7』, 99쪽.

'청사의 반복'이라 생각할 수 있었을 것이고 반복된 의식이라 여기면 쉽게 생략할 수도 있었을 것으로 조심스럽게 짐작해 본다.[160]

현재에 이르는 『석문의범』 상권, 대례왕공문과 예수재에 화청이 실려 있음에도 이를 화청으로 여긴 범패승을 찾아보기 힘들다.[161] 최소한, 1969년 『화청보고서』가 만들어질 당시에도, 『석문의범』은 가장 대중적인 의식집이었음에도 불구하고 박송암 스님과 장벽응 스님을 비롯한 모든 증언자와 조사자는 『석문의범』 상권에 기술된 범패에 포함할 수 있는 화청이 아닌 가곡편에 실린 회심곡류의 불교가요를 화청의 대표적인 것으로 주장한 점은 당시에 활동하던 대다수의 범패승이 본질적으로 화청을 청사의 한 부류로 여기고 있었기 때문인 것으로 짐작한다.

4. 전통적인 화청과 회심곡류 화청의 비교

지금까지 1969년, 범패승의 증언을 바탕으로 완성한 『화청보고서』의 내용 중 수정·보완해야 할, 정의와 주장 등을 조선시대에 간행된 다양한 의식집을

---

160) 또한 화청이 청사로 유통된 이유로 필자가 알고 있는 수많은 범패승 중 단 한명도 『석문의범』 대례왕공문과 예수재에 등장하는 화청을 화청이라 생각한다고 답한 사람이 없기 때문이다. 그 누구든 말이다.

161) 필자가 범패승으로서 불교의식을 연구한 이후 누구도 『석문의범』 상권, 대례왕공문과 예수재에 화청이 등장한다고 주장한 이가 없음은 불교 의식을 행하는 모든 승려가 화청의 정의를 회심곡류로 생각하고 있음을 의미하고 본문에 실린 것을 청사로 인식하고 있음을 증명한다.

통해 확인, 재정립하였다. 글을 접한 모든 이가 충분히 이해했을 것이라 믿고 있지만 전통화청과 현행 회심곡류 화청을 비교하여 다시 한 번 정리함으로 누구나 쉽게 인지할 수 있도록 하겠다.

내용의 전개는 화청의 정의를 먼저 밝히고 언제 ⇨ 어디서 ⇨ 누가 ⇨ 누구에게 ⇨ 어떤 목적과 ⇨ 방법으로 ⇨ 행하였는지를 요약해 설명하겠다. 참고로 현행 회심곡류 화청의 요약은 『화청보고서』에서 밝힌 이론과 범패승인 필자가 현장 경험을 통해 얻은 견해를 바탕으로 정리함을 밝힌다.

(1) 전통적인 화청

먼저, 전통적으로 전해졌던 조선불교의 화청은 특정한 목적을 갖고 진행하는 재 의식에서 의식에 참여한 모든 이가 소원을 성취하기 위한 방편으로, 재 의식에 강림하길 발원하는 다양한 불·보살과 일체 성현을 노래로서 청하는 것이다. 불교 의식, 중단권공 중 사다라니와 가지게, 오공양과 일체 진언을 외고 금강찬을 염송한 뒤 탄백을 하고 이어, 화청을 행한 뒤 화청을 끝내고 나면 축원을 발원하는 것으로 되어있다.

특히, 모든 가사가 한역으로 된 의식문의 형식을 띠고 있어 범패에 포함된 화청임을 짐작하게 하는데 당시의 화청은 모든 이가 동참할 수 있도록 유도하는 설명문이 의식집에 소개되고 있어 의식에 참여하는 대중 모두가 의식문을 함께 외며 동참했을 것으로 추정한다. 또한, 모든 화청이 중단, 성현에게 공양 올리는 의식에서 행하는 점으로 미뤄, 중단을 바라보고 화청을 행했을 것으로 생각한다.

물론, 화청에서 청하고자 하는 대상은 의식에 따라 달라지는데, 모두 특정한 재 의식에서 동참하는 목적을 성취하고자, 청하는 성현은 달리하고 있지만 대부분 지장보살을 포함한 명부시왕과 권속 그리고 명부세계를 관장하는 헤아릴 수 없는 성현이 대상에 해당하는 것으로 파악된다.

참석대중 모두가 한 마음으로 중단 성현을 청하는 이유는 중단의 모든 성현이 명부세계를 관장하는 것으로 믿고 있으며 그들의 심판에 따라 다음 생의 인연을 정하게 되므로 명부성현을 청해 공양을 올려 망자가 고통의 바다에서 벗어나 서방정토 극락세계에 왕생할 것을 발원하는 것으로 볼 수 있고 재 의식에 따라서는 생자가 금생엔 복과 수명이 늘고 죽어서는 극락세계에 태어나길 발원하기 위해 살아생전에 명부성현에게 전생 빚을 갚고 공양을 올리러 그 대상을 명부세계 중단성현으로 한정하고 있는 듯하다.

다양한 의식문에 「화창」과 같은 음악적인 표현이 등장하고 있는 점과 화청의 가사가 불·보살의 명호를 중심으로 이뤄진 점 그리고 현재까지도 불교 의식에서 불·보살의 명호를 염송할 땐 악기 반주를 동반하는 것으로 봐서 화청도 선율과 반주음악을 동반하며 진행했을 것으로 추정한다.

전통적인 화청은 당시에 성행했던 모든 재 의식에 빠지지 않고 등장하는데 특히, 수륙재와 운수단, 대례왕공문과 예수재 등에서 각기 차별화된 가사로 이뤄진 화청을 전하고 있고 비록, 특정한 재 의식이 아니더라도 중단권공의식에서 「지심신례」·「일심봉청」으로 시작하는 가사일 경우, 그 내용이 망자의 왕생극락을 서원하여 성현을 청하는 것이라면 모두, 화청의 범주에 포함시켜야 할 것으로 여긴다.

(2) 현행 회심곡류 화청

　현행 회심곡류 화청은 불·보살을 청하는 의미를 담고 있으나 불교 포교의 방편으로서 회심곡·별회심곡·몽환가·백발가 등 우리말로 된 불교가요, 모두를 통칭하여 행하는 것으로 알려져 있다. 우리말로 진행하고 있기 때문에 크고 작은 의식에서 빠짐없이 등장하여 불자들의 큰 호응을 얻고 있고 때론, 야외 포교 현장에서 의식과 무관하게 설행되기도 한다.

　불교 의식을 행할 땐 상단·중단·하단에서 축원을 행하기에 앞서, 회심곡류 화청을 설행하는데, 현장 상황과 창자에 따라 가사의 내용 전개와 음악적 선율 그리고 장단 등이 변화하기도 한다. 그러나 대부분 범패승이 외우고 있는 일정한 형식을 갖춘 회심곡류 화청이 주류를 이루고 있어 화청의 전개를 위한 음악적 구성에는 큰 변화가 없다. 회심곡류 화청은 창자 1인과 반주자 1인이 행하는데 창자는 상단·중단·하단, 각기 다른 성현에게 화청을 행할 경우라도 내용과 가사에 상관없이 무조건 상단 부처님을 바라보고 설행하는 특징이 있다.[162]

　자칭(自稱), 불교 의식에 권위가 있다고 주장하는 어떤 범패승은 화청에 「지심걸청 지심걸청 일회대중에 일심봉청」의 가사가 있는 점을 들어 회심곡류 화청이 모든 불·보살을 청하고 있다고 주장하지만, 사실 내용으로 접근해보면 「여보시오 시주님께」 등의 가사가 무수히, 자주 출현하고 있어 화청을 행하는

---

162) 결국, 일반 대중에게 포교의 방편으로 설행하는 화청을 상단 부처님을 바라보고 행하고 있으니 부처님께 우리말 법문을 하고 있는 형태라고 정의해도 무방해 보인다.

대상은 결국, 일반 참석 대중임을 알 수 있고 일반 대중에게 화청을 행하는 것은 곧 불교 포교의 일환으로 회심곡류 화청이 쓰였음을 의미한다. 더군다나 망자의 입장에서 죽음을 관찰하고 삶의 무상함을 일러줌으로서 근본 욕심과 어리석음을 깨우치고 더 나아가 선행을 행하면 극락세계에 왕생하고 악행을 행하면 지옥의 고통을 면할 수 없음을 가사에 담고 있어 생자를 대상으로 한 무상법문임이 틀림없다.

현행 회심곡류 화청을 행할 때 창자는 주로 태징을 연주하며 노래하고 북 반주가 가능한 범패승이 함께 할 경우, 현장 상황에 북과 목탁 등의 악기로 반주하며 진행하기도 한다.

특히, 영산재와 예수재 그리고 크고 작은 천도재에는 어김없이 회심곡류 화청을 행하는데 몇몇 범패승은 각 재 의식마다 각기 다른 회심곡류 화청 가사가 전해지고 있다고 주장하나 가사를 선택하여 행하는 것은 결국 창자의 몫이고, 창자 스스로 재 의식에 해당하는 가사를 모르는 경우엔 틀에 박힌 회심곡류 화청을 그대로 행하기도 한다.[163] 다만, 현행 회심곡류 화청을 특정 재 의식에서 행할 땐, 사찰명과 동참자의 성명 그리고 「망자 모(某)씨 영가를 위해 모(某)재 베푼다」는 식의 설판 연유를 노래에 담고 있어 창자가 전하는 가사의 내용을 통해 재 의식을 구분할 정도다.[164] 재 의식에 따라 상단, 축원화청의

---

163) 물론, 일반 동참재자와 스님들은 회심곡류의 화청을 행하는 것이 중요하지 어떤 것이 영산재 화청가사고 예수재 화청가사인지 큰 관심을 두지 않는다.
164) 과거엔 재 의식에 따라 혹은 상단과 중단에 따라 회심곡류 화청 가사에 변화가 있었던 것으로 전해진다. 그러나 현재에 이르러서는 구해 스님과 동성 스님 등, 몇몇 범패승을 제외하곤 온전히 재현할 수 있는 범패승을 찾아보기 힘들다. 더군다나 현재

경우엔 「공덕 공덕 상래소수불공덕」을 중단, 축원화청일 경우엔 「원력 원력 지장대성서원력」을 행하므로 상단과 중단 회심곡류 화청을 구분하고 있다고 해도, 이는 분명 축원화청의 구분이지 회심곡류 화청의 내용에 따른 가사의 구분은 아니다.

지금까지 조선불교 화청과 현행 회심곡류 화청의 특징을 비교하여 설명하였는데 이를 다시 표로 정리하면 다음과 같다.

〈표 1〉 조선불교 화청과 현행 회심곡류 화청의 비교

	조선불교 화청	현행 회심곡류 화청
정의	특정한 목적을 갖고 진행하는 재 의식에서 의식에 참여한 모든 이가 소원을 성취하기 위한 방편으로 재 의식에 강림하길 발원하는 다양한 불·보살과 일체 성현을 노래로서 청하는 것	불·보살을 청하는 의미를 담고 있으나 불교 포교의 방편으로 회심곡·별회심곡·몽환가·백발가 등 우리말로 된 불교가요 모두를 통칭하여 행하는 것
언제	불교의식	불교의식·포교현장
어느 부분에서	중단권공, 공양의식 후 축원 전에 중단을 바라보고(추정)	상단·중단·하단·시식 공양의식 후 축원 전에 상단을 바라보고
누가 참여하여	대중모두(추정)	창자 1인
누구에게	지장보살을 포함한 명부시왕 권속 및 중단의 성현	(불·보살을 청한다고 함) 일반대중 참석자와 망자
어떤 목적과	망자의 왕생극락과 생자의 소원성취	삶의 무상함을 통한 선과 악의 구분·불교 포교
어떤 방법으로	소리와 반주(추정)	소리와 반주
행하는가	수륙재·운수단·대례왕공문· 예수재 등	영산재·수륙재·예수재· 천도재(사십구재)

엔 창자가 외우고 있는 가사를 모든 재에서 동일하게 적용하여 행하는 실정이다.

필자는 불교의 의식·의례를 중생의 고통을 치유하고 성불의 길로 인도하는 종교의식으로 알고 있다. 그리고 지난, 천년 가까운 시간을 거치면서 수많은 승려들이 중생의 아픔을 의식·의례를 통해 치유해 왔음을 의심하지 않는다. 전통적인 화청의 절차를 살펴보면 '얼마나 간절했으면 이와 같이 행했을까' 하고 감탄할 때가 있다.

이미 인지하고 있듯이 조선불교 화청엔 공양주와 회향주만 있을 뿐 성취주와 보궐주가 없다. 이것은 무엇을 의미하는 것인가?

단순히, 소원을 성취하고 혹시라도 의식에 부족한 것이 있었다면 진언을 통해 채우려는 성취주와 보궐주가 아닌 불·보살의 명호를 끝없이 염송하고 강림하길 발원하는 중생의 마음과 자세가 곧 화청이지 않았을까? 『천지명양수륙재의범음산보집』, 「대례왕공문」에 등장하는 화청 마지막에 쓰여 있는 「무수운운」(無數云云: 헤아릴 수 없이 반복하라)은 필자에게 많은 것으로 일깨우고 있다. "도대체, 얼마나 간절했으면 백 번, 천 번도 아닌 끝없이 반복하라 했을까"하고 말이다.

현행 회심곡류 화청을 온전히 보존하고 전승하는 것에 동의함을 주저하지 않는다. 그만큼 회심곡류 화청을 통해 많이 이가 울고 웃으며 의식에 동참하여 위로받았던 긍정적인 면이 있었기 때문이다. 그러므로 현행 불교 의식을 행할 때, 전통 의식·의례와 무관하게 얼마든지 불교가요를 행할 수 있다. 가령, 영가를 위한 시식을 행하기에 앞서 참석대중을 바라보고 얼마든지 불교가요를 행할 수 있다. 불교 포교를 위해서도 다양한 방법으로 불교가요를 보급할 수 있다.

그러므로 이제는 불교 의식의 전통화청과 불교가요 정도는 구분해야 하지 않을까? 재 의식에서 전하는 범패에 속한 전통적인 화청을 화청이라 하고 회심곡류 화청을 불교가요로 통칭하는 것에 무슨 장애가 있을 것인가? 지금 갖고 있는 고정관념만 버리면 충분히 가능하리라 본다. 만약, 지금의 범패승들이 스스로 갖고 있는 고정관념을 버린다면 지금부터라도 의식·의례로서의 화청과 불교가요 모두가 수많은 대중을 위로하고 서원하는 자리에서 충분히 공존할 수 있을 거라 확신한다.

5. 전통화청의 복원과 시연

최근 불교계 내부에서는 전통 재 의식 복원사업이 한창이다. 특히, 대한불교조계종을 중심으로 수륙재(水陸齋)의 원형을 복원하기 위해 많은 노력을 기울이는 것으로 알려져 있는데 대표적으로 진관사(津寬寺)와 삼화사(三和寺) 그리고 한국불교전통의례전승원(韓國佛敎傳統儀禮傳承院)을 꼽을 수 있다. 물론, 필자가 머물고 있는 청룡사(靑龍寺)에서도 전통 재 의식의 하나인 예수재(預修齋)를 복원하여 매년 시연을 거듭해오고 있다. 이 중 전통화청 복원에 관해서는 종단 어산어장(魚山魚丈)[165]이며 서울시 무형문화재 제43호 경제어산(京制魚山)[166] 보유자인 동주원명(東洲元明) 스님[167]이 학장(學長)으로 있는 한국불

---

165) 전통불교의식에서 쓰이는 염불소리와 음악을 어산(魚山) 혹은 범패(梵唄)라 하는데 어산어장(魚山魚丈)이란 불교의식에 관한 기능과 학식이 가장 뛰어난 범패승을 지칭하는 것으로 범패승의 최고 지위에 해당한다.
166) 불교의식을 설행하기 위한 다양한 소리를 뜻하는 것으로 안채비와 겉채비, 짓소리와

교전통의례전승원(이하 전승원)의 행보에 주목할 필요가 있다.

전승원은 학장 동주원명 스님과 혜천정오 스님168) 그리고 필자를 주축으로 2010년, 전통불교의식의 전승과 장려를 위해 대한불교조계종 교육원의 인가를 얻어 개설한 특수교육기관이다. 학교에서는 경제어산을 중심으로 진행하는 수륙재를 복원, 보급하고 있는데 상단과 중단 그리고 하단에서 진행하는 시련절차를 비롯하여 각 단 관욕의식, 그리고 이미 사라져 그 명맥이 유명무실(有名無實)한 이운의식에 이르기까지 전승하는 각종 재 의식 절차와 구성 등을 전해지는 다양한 의식집을 통해 복원하고 있어 기존 봉원사 영산재와 진관사, 삼화사 수륙재에서는 찾아 볼 수 없는 다양한 특징을 보이고 있다.

특히, 전통화청의 시연은 단연 돋보이는 것으로 기존 재 의식에서 행하는 회심곡류 화청을 과감히 버리고 의식문에 전하는 전통화청을 복원하여 수륙재를 행하고 있는데 이에 대해 동주원명 스님은 다음과 같이 설명하고 있다.

홑소리 등을 포함하고 있다. 특히, 착어성·개계성·청문성·편게성·소성 등의 소리를 중심으로 진행하는 수륙재와 예수재의 주된 소리를 말한다. 현재 무형문화재 지정은 재 의식 중심이 대부분이지만 과거 1973년, 중요무형문화재 제50호로 범패가 지정되었듯이 불교 의식의 문화적 가치는 어장의 소리에 무게 중심이 있었기에 경제어산의 무형문화재 지정은 불교의식을 이해하는 접근방법의 변화를 이뤘다는 점에서 문화적 가치가 크다.

167) 중요무형문화재 제50호 영산재 전수조교, 대한불교조계종 어산어장, 서울시 무형문화재 제43호 경제어산 보유자.
168) 대한불교조계종 천곡사 주지, 대한불교조계종 교육원 교수사, 중요무형문화재 제50호 영산재 이수자.

재 의식에서의 화청은 말 그대로 성현을 청하는 겁니다. 그런데 성현을 청하기보단 삶과 죽음을 말하고 생로병사를 말하고 착한 일을 하면 극락 가고 악한 일을 하면 지옥 간다는 사설만 늘어놓으면 이치에 맞지 않지요. 더군다나 부처님을 바라보고 그런 말을 하면 마치 부처님도 잘못하면 지옥 간다는 말입니까? 이치에 맞지 않은 의식을 무작정 따라한다는 것이 불교가 아님을 아서야 합니다. 의식은 저본을 착실히 따라야 합니다. 조사 스님들이 심혈을 기울여 전한 의식을 우리 입맛에 맞게 개작할 거라면 힘든데 뭐 하러 소리를 배우고 작법을 배우고 의례를 행합니까? 듣기 좋고 보기 좋다고 행하는 것이라면 대중가수를 불러다 놓고 노래를 하라고 해야지, 안 그렇습니까?

　의례는 중생이 행할 수 있는 가장 거룩한 행위입니다. 성현을 찬탄하고 지극 지순한 마음을 내어 정성을 다해 공양 올리는 것, 그것이 바로 재(齋)입니다. 하물며 이처럼 거룩한 도량에서도 우린 목적을 상실하며 의식에 참여합니다. 물론 때에 따라서는 포교를 위해 회심곡을 행할 수 있어요. 그런데 그건 사석에서나 가능한 것이지 의식을 행하면서 할 수는 없는 법입니다. 그리고 그렇게 하는 것을 마치 당연한 것처럼 포장해선 안 됩니다. 화청과 회심곡은 꼭 구분해서 행해야 합니다.

〈그림 25〉 동주원명 스님과의 대담[169]

　전승원에서 행하고 있는 전통화청은 『천지명양수류재의범음산보집』에 기술된, 수류재 화청 전문(呪文)을 우리말로 옮겨 설행하는데, 이는 현행 회심곡류 화청이 우리말로 전해지는 것에 착안한 것으로 보인다. 이에 대해 전승원, 의례연구소 측은 다음과 같이 설명하고 있다. 먼저, 현재까지 전해진 화청이 모두 우리말로 전해졌기 때문에 전통화청을 한역 원문으로 행할 경우 처음 접하는 사람에겐 거부감이 생길 수 있어 정착과 보급에 어려움이 있을 것으로 예상되며 둘째, 대한불교조계종이 추진하고 있는 종단 숙원 사업인 한글의식·의례 정착에 적극 동참하기 위한 것으로, 차후 모든 의식문을 우리말로 옮겨 진행할 뜻을 밝혔다.

　이와 같은 복원 방향은 시대적 요구에 부합(符合)하는 행보로 풀이되는데 결국, 현행하는 모든 불교 의식이 한역으로 이뤄져 있어 그 의미와 목적을 온전히 이해할 수 없어 신행 포교의 방편으로 활용하는 데 한계가 있음을 불교

---

169) 2011년 9월, 한국불교전통의례전승원에서 갖은 동주원명 스님과의 대화에서 경제어산과 전통 수륙재 그리고 화청에 관한 복원과 장려를 위한 깊이 있는 대담을 나누었다.

〈그림 26〉 수륙재에서 전통화청의 설행[170]

계 내부에서도 인지한 것으로 보인다.

전승원에서 설행하는 전통화청은 수륙재에 국한(局限)된 것으로 예수재 및 대례왕공문과는 내용면에서 확연히 구분된다. 다만, 대례왕공문의 원아게 가사를 화청을 시작하기 전에 포함하여 행하는데, 이는 원아게가 갖고 있는 종교적 신앙심을 극대화하여 참여자의 적극적인 동참을 유도하려는 목적으로 보인다. 다음은 전승원에서 행하는 원아게의 악보이다.

---

170) 동주원명 스님과 참여한 사부대중이 성현을 청하는 화청에 동참하고 있다. 2011년 10월 홍원사 천지명양수륙재 시연 현장, 본인촬영.

〈악보 1〉 수륙재 원아게

소리: 도경 스님[171]
채보: 서정매[172]

---

171) 중요무형문화재 제50호 영산재 이수자, 한국불교전통의례전승원 교수.
172) 부산대학교 한국음악학 박사수료, 현) 부산대학교 강사.

앞 장에서 소개하였듯이 원아게는 대례왕공문 화청에 주로 쓰인다. 하지만 원아게는 성현에게 금일 천도되길 원하는 망자의 축원문 형식을 담고 있어 재의식과는 상관없이 화청을 시작하기 전 설행할 수 있을 것으로 본다. 전승원의 전통화청은 원아게를 행하고 난 후 바로 이어서 시작한다. 다음은 수륙재 화청 일부의 악보이다.

〈악보 2〉 수륙재 우리말 화청

소리: 도경 스님
채보: 서정매

　전승원에서 행하는 수륙재 화청은 이미 앞서 소개한 『천지명양수륙재의범음산보집』의 것을 우리말로 옮긴 것인데 음악적인 박자와 장단은 현행 회심곡 류의 것을 그대로 쓰고 있다. 이는 회심곡에 익숙한 참석대중을 배려한 것으로 볼 수 있고 다른 한편으론 4·4체로 이뤄진 가사를 원만하게 노래하기 위한 방편일 수도 있다. 재 의식 현장 상황에 따라 화청을 3번 반복하여 행하기도 하는데 이는 성현을 청할 경우 3번 청(請)하는 것에 기인한 것으로 보인다.[173] 화청을 마치고 나면 바로 이어서 축원화청을 행하게 된다.

　전통화청을 시연한 도경 스님에 따르면 "사실, 의식집에 전하는 전통화청의 한역 원문을 화청으로 행하는 것도 가능하지만 한역을 그대로 옮겨 행할 경우 참석대중의 동참을 유도하기 힘들어 의식의 목적을 달성하기 어렵다."는 의견과 함께 "기존 우리말 회심곡을 시연할 수 있는 능력을 가진 범패승이라면 4·4로 이뤄진 가사만 주어지면 누구나 쉽게 시연할 수 있고 내용도 쉽게 이해할 수 있어 사부대중이 한 번만 들어보면 쉽게 따라 할 수 있다."는 긍정적 평가[174]를 내렸다. 악보를 채보한 서정매 선생은 "사실, 가사만 바뀌었지 음악

---

173) 석존께서는 법을 중히 여기신 까닭에 청법자(聽法者)로부터 세 번의 간청을 기다리신 후 법을 설하셨다. 이와 같은 연유로 불교의 법요의식에서는 불·보살의 강림이나 법사의 법문을 청할 때에는 '삼청(三請)'을 하며 극진한 예를 표한다. 심상현, 『佛教儀式各論 V』(서울: 한국불교출판부, 2001), 172쪽.

174) 2012년 11월 홍원사 경제어산 시연회에서 밝힘.

적인 선율은 기존 회심곡류 화청과 차이를 느낄 수 없다"는 결론과 함께 "가사의 변형만으로도 목적에 맞는 의식 복원이 가능하다면 당연히 의식문에 전하는 올바른 가사로 전통화청을 행하는 것이 옳을 것"이란 소견[175]을 밝히고 있다.

전승원에서 행하는 축원화청은 상단과 중단으로 구분하는데 상단에 행할 때 전통화청을 포함하지 않고 중단 성현의 경우에만 전통화청과 중단 축원화청을 이어가는 특징이 있다. 다음은 중단축원화청의 일부이다.

〈악보 3〉 수륙재 중단축원화청

소리: 도경 스님
채보: 서정매

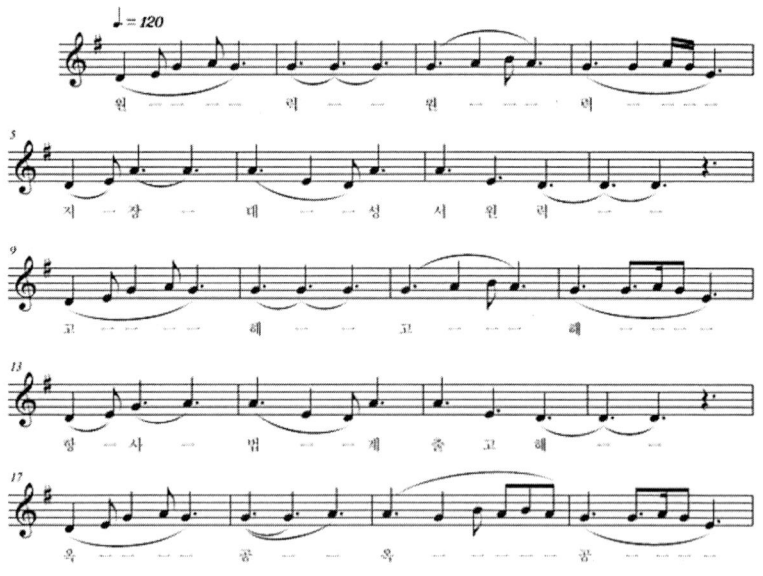

---

175) 2012년 12월 면담에서 밝힘.

악보에서 확인할 수 있듯이 축원화청의 경우, 기존에 설행하는 3박, 9소박 형태를 그대로 쓰고 있어 지금까지 회심곡류 화청을 시연해 온 범패승이라면 어렵지 않게 설행할 수 있다. 그러므로 전통화청으로 기존 회심곡류 화청을

대신하다고 해서 막연하다거나 어색할 것이라는 의구심은 쉽게 떨칠 수 있을 것으로 보인다.

전승원에서 수륙재에서 행하는 전통화청은 원아게를 시작으로 전통화청을 우리말로 행하고 끝에 축원화청으로 마무리함으로써 참석대중 모두 동참할 수 있도록 하는 특징을 지니고 있다. 의식의 절차를 정리하면 다음과 같다.

사다라니 ⇨ 가지게 ⇨ 오공양 ⇨ 공양주 ⇨ 회향주
⇨ 탄백 ⇨ **원아게** ⇨ **화청** ⇨ **축원화청**

전승원에서 행하는 전통화청의 복원은 재 의식 설행에 있어 상당한 의의를 지닌다. 첫째, 원문을 우리말로 옮겨 화청이 지닌 본연의 목적에 부합하고 둘째, 동참하는 누구나 쉽게 알아듣고 이해할 수 있으며 셋째, 원아게와 축원화청을 포함하고 있어 동참자의 신심(信心)을 극대화시켜 포교의 방편으로 활용할 수 있기 때문이다. 결국, 재 의식의 목적을 그대로 유지하여 성현의 강림을 발원하고 이를 통해 소원을 성취하려는 불교 의식 본연의 모습을 온전히 찾아갈 수 있다. 더군다나 굳이 회심곡류 화청을 행하지 않더라도 의식의 설행 중에 누구나 쉽게 따라 염송할 수 있어 창자(唱者), 일인(一人)에 의해 행해지던 기존 회심곡류 화청과 확연히 다른 차별성을 느낄 수 있다. 전통화청을 우리말로 옮겨 설행한다는 자체만으로도 참여한 대중 모두 동참할 수 있기에 다양한 전통 재 의식을 폭넓게 정착시키는데 많은 긍정적인 효과를 유발할 수 있을 것으로 기대한다.

Ⅲ. 결 론

　현행 불교 의식을 조사하다 보면 범패승의 의지에 따라 의식문을 생략하거나 목적과 상관없는 의식을 행하고 상황에 따라 불필요한 의식을 추가하여 단지, 장엄적인 모습을 보여주기 위한 견기이작형(見機而作形)[176]으로 진행하는 모습을 흔히 접하게 된다. 마치『화청보고서』에서 밝힌 화청의 설행과 같이 "그때그때 정상을 참작해서" 행하듯이 말이다. 범패승에게 "왜 이처럼 의식을 견기이작하는가?"하고 질문을 하면 대부분 그럴듯한 핑계를 댄다. 하지만 그토록 자연스럽게 견기이작할 수 있는 이유는 바로, '너도 모르고 나도 모르는' 의식을 단지, "그렇게 하라고 배웠기 때문"에 행한다는 것 외엔 달리 설명할 방법이 없다. 상황이 이렇다보니 동참자들은 때론 아무런 의미도 모른 체 그저 스님의 인도에 따라 3~4시간 지루하게 의식에 참여하기도 한다.

　회심곡류 화청이 다른 어떤 의식 절차보다도 환영받은 이유가 바로 여기에 있다. 신도들에게 있어 흔히, 화청이라 불리는 회심곡과 같은 불교 가요는 한역으로 이뤄져 전혀 그 의미를 알 수 없던, 지루하기 그지없던 의식에서 유일하게 알아듣고 동참할 수 있는 의식이기 때문이다. 그렇기에 회심곡류 화청은

---

[176] 범패승에 의해 재 의식 현장과 당시 상황에 따라 의식을 늘리거나 축소 또는 생략하는 것을 말한다. 慧日明照,『예수재 -見機而作形 齋 儀式 節次를 중심으로-』(서울: 에세이퍼블리싱, 2011), 27쪽.

마치, 목마른 중생이 감로수 만난 것 같은 기쁨과 환희심을 내기에 충분할 수 있다. 그러나 아무 때나 함부로, 의식 중간에 회심곡류 화청을 행하는 것이 과연 옳은 것인지 냉정하게 판단해야 한다. 그리고 불교 가요와 화청을 혼동하고 있는 것은 아닌지, 만약 혼동하고 있다면 진정한 의식으로서의 화청이 무엇인지 참석대중에게 정확히 알릴 필요가 있다.

최근까지 유지되고 있는 화청의 의미와 내용은 대부분 1969년, 「무형문화재조사보고서 제65호 화청」과 당시에 활동했던 범패승의 증언이 주류를 이루고 있다. 그러나 당시의 조사보고서는 소수의 범패승의 증언을 바탕으로 단, 3개월에 걸쳐 진행된 보고서였음을 인지해야 한다. 짧은 기간에 완성된 보고서는 아무리 잘 정리된 것이라도 수많은 오류에 노출될 수 있다. 더군다나 소수의 증언에 바탕을 두고 있다면 말이다. 『화청보고서』가 작성된 1969년 즈음은 지난 1954년 이후 계속되던 비구승과 대처승 간의 권력 싸움이 분열의 조짐을 보이며 대한불교조계종[177]과 한국불교태고종[178]으로 양분되던 시기였

---

[177] 1954년 5월부터 1962년 4월까지 전개된 불교정화운동으로 탄생되어진 비구·대처승 간의 통합종단으로 현재는 비구·비구니 승단으로 자리 잡았다. 부처님 교법을 바탕으로 깨달음을 구하고 중생을 구제한다는 대승불교의 큰 흐름을 수용하면서도 선종 중심의 깨달음을 강조하고 있다. 대한불교조계종교육원, 『曹溪宗史 근현대편』(서울: 조계종출판사, 2001), 223쪽.

[178] 본디 종명이 조계종이었지만 절대 권력의 이승만 정권 당시에 국가권력을 등에 업은 자칭 비구집단에게 종명과 종권을 빼앗겼고, 그 뒤 5.16 이후 군사정부와 공화당정권하의 국가 공권력에 의해 통합종단이 이루어져 법에 의해 대한불교조계종으로 불교단체등록이 완료되었기 때문에 이후 1970년 5월 17번째 한국불교 종단으로 등록을 마쳤다. 종단사간행위원회, 『太古宗史』(서울: 한국불교출판부, 2006), 487~89쪽.

다. 이와 같은 권력 다툼으로 인해 불교계는 회복하기 힘들 만큼 막대한 정신적·물질적 피해를 감수해야 했다. 당연히 불교계 내부에선 의식·의례의 옳고 그름을 따져 새롭게 정립할 여력이 없었다.[179] 이런 시대적 상황 속에서 증언을 통해 완성된 『화청보고서』를 우린 아무런 의심 없이 당연한 것으로 받아들인 것은 아닐까.

　본 연구서는 증언이 아닌 문헌자료를 근거로 화청의 정의와 내용을 알아보고자 했다. 제1장에서는 현재까지도 화청에 관한 수많은 연구서에서 「무형문화재조사보고서 제65호 화청」의 내용을 그대로 받아들이거나 몇몇 범패승의 증언에 의지하여 연구되어지고 있었음을 확인하였고 제2장에서는 「무형문화재조사보고서 제65호 화청」의 내용을 면밀히 관찰하여 내용에서 발견된 오류를 다시 한 번 재조명, 또 다른 시선으로 접근하여 설명하였다. 제3장에서는 조선시대에 간행된 다양한 문헌을 근거로 화청의 정확한 의미와 목적을 확인하고 이를 통해 화청이란 특정한 목적을 갖고 진행하는 재 의식에서 의식에 참여한 모든 이가 소원을 성취하기 위한 방편으로 재 의식에 강림하길 발원하는 다양한 불·보살과 일체 성현을 노래로서 청하는 것이란 결론을 얻었다. 제4장에서는 전통화청과 현행 회심곡류 화청을 비교 정리함으로서 독자의 이해를 도왔다. 제5장에서는 전통화청을 복원하여 시연하는 한국불교전통의례전승원의 수륙재 화청을 알아보고 한글화를 통해 보급하려는 전통화청의 모습

---

[179] 이는 『화청보고서』 본문 62~64쪽에 밝힌 화청을 설행하는 재 의식의 종류에서도 짐작할 수 있다. 본래 화청은 대례왕공을 비롯한 수륙재와 예수재에서 행하도록 되어 있다. 그러나 증언에서는 예수재와 수륙재의 언급 없이 상주권공과 영산이라 증언하고 있다.

을 가늠해보았다. 더불어 현행 재 의식에서 활용할 수 있는 전통화청 시연방법을 제시함으로서 불교 의식으로서의 화청이 온전히 정착될 수 있기를 희망했다.

　범패승들의 말처럼, 그때그때 상황에 맞게 불교 의식을 행할 수 있다. 하지만 의식 절차의 정립은 헤아릴 수 없는 긴 시간 동안 수많은 스님들과 불자들에 의해 수정되고 보완되어 완벽한 구성절차로 전해지고 있기에 함부로 건기이작할 수 없다. 그러므로 의식집에 전하는 전통화청을 외면한 채 회심곡을 행하는 것은 심각하게 고려해야 한다. 만약, 필요에 따라 불교가요를 행하고자 한다면 할 때 하더라도 의식과 무관하게 행하는 것이 옳을 듯싶다. 화청은 틀림없는 불교 의식이지만 회심곡은 불교가요이기 때문이다

참고문헌

1. 원전자료

「佛說灌頂隨願往生十方淨土經」, 影印本, 『高麗大藏經』, 第10卷.

「佛說壽生經」, 影印本, 『續藏經』, 第87卷.

「佛說預修十王生七經」, 影印本, 『續藏經』, 第150卷.

「佛說地藏菩薩發心因緣十王經」, 影印本, 『續藏經』, 第150卷.

大愚 集述, 『預修十王生七齋儀纂要』, 木板本, 安東鶴駕山: 廣興寺, 1576(宣祖 9).

白坡 亘璇, 『作法龜鑑』, 木版本, 全羅道 長城 白羊山 雲門庵, 1827(純祖 27).

志磐 編, 『法界聖凡水陸勝會修齋儀軌』, 影印本, 서울大學校 奎章閣 所藏.

智禪, 『五種梵音集』, 影印本, 東國大學校 中央圖書館 所藏.

智還 編, 『天地冥陽水陸齋儀梵音刪補集』, 간행자미상, 1782.

智還 編, 『天地冥陽水陸齋儀梵音刪補集』, 道林寺, 1739.

休靜, 『雲水壇』, 影印本, 東國大學校 中央圖書館 所藏.

休靜, 『雲水壇謌詞』, 影印本, 東國大學校 中央圖書館 所藏.

『勸供諸般文』, 影印本, 東國大學校 中央圖書館 所藏.

『水陸無遮平等齋儀撮要』, 影印本, 東國大學校 中央圖書館 所藏.

『念佛作法』, 影印本, 高麗大學校 中央圖書館 所藏.

『要集文』, 影印本, 東國大學校 中央圖書館 所藏.

『要集』, 필사년대 및 필사자 미상, 筆寫本, 東國大學校 中央圖書館 所藏.

『天地冥陽水陸雜文』, 影印本, 東國大學校 中央圖書館 所藏.

2. 단행본

姜在黙·李錫後,『點眼儀文』, 서울: 創造企劃, 1993.

＿＿＿＿＿＿＿＿＿＿,『水陸儀文』, 서울: 創造企劃, 1993.

＿＿＿＿＿＿＿＿＿＿,『靈山儀文』, 서울: 創造企劃, 1993.

＿＿＿＿＿＿＿＿＿＿,『預修儀文』, 서울: 創造企劃, 1993.

姜昔珠 編譯,『原本解釋 地藏經』, 서울: 弘法院, 1983.

古典刊行會 編,『高麗史節要』, 서울: 東國文化社, 1960.

古典刊行會 編,『高麗史節要』, 서울: 東國文化社, 1960.

權近,『陽村集』, 서울: 민족문화추진회, 1980, 卷12.

金純美 譯,『국역 천지명양수륙재의 범음산보집』, 서울: 도서출판 양사재, 2011.

김광식,『韓國近代佛敎史研究』, 서울: 민족사, 1996.

김성배,『한국불교가요의 연구』, 서울: 아세아문화사, 1973.

김종명,『한국중세의 불교의례: 사상적 배경과 역사적 의미』, 서울: 문화과지성사, 2001.

김효탄,『고려사불교관계사료집』, 서울: 민족사, 2001.

大正一切經刊行會 編,『大正新修大藏經』, 서울(ソウル): 寶蓮閣, 1981.

大阪府立圖書館 編,『富岡文庫善本書影』, 京都: 小林寫眞製版所, 1936(昭和11).

東國大學校韓國佛敎全書編纂委員會 編,『韓國佛敎全書』, 서울: 東國大學校出版部, 1989.

東峰正休 譯,『일원곡 권1~13』, 광주: 대한불교조계종우리절, 2003.

文化公報部 文化財管理局 編,『한국민속종합조사보고서』, 서울: 文化公報部 文化財管理局, 1981.

文化財管理局 編著,『無形文化財調査報告書 第9輯(65號~68號)』, 서울: 韓國人文科學院, 1998.

박범훈,『韓國佛敎音樂史研究』, 서울: 장경각, 2000.

朴三愚, 『예수재의범』, 서울: 보연각, 1984.

朴世敏, 『韓國佛敎儀禮資料叢書』, 서울: 保景文化社, 1993.

백파 긍선. 김두재 옮김, 『작법귀감』, 서울: 동국대학교출판부, 2010.

법현, 『불교음악 영산재 연구』, 서울: 운주사, 1997.

법현, 『불교음악감상』, 서울: 운주사, 2005.

法會硏究院 編譯, 『常用佛敎儀式解說』, 서울: 정우서적, 2005.

辯長 撰, 『淨土宗要集 卷1~6』, 極樂寺, 天保2(1831).

釋曉鷲, 『淨土三部經 講說』, 서울: 도서출판 반야회, 2003.

松江, 『要集』, 서울: 범음 범패 오송강 연구소, 2002.

심상현, 『佛敎儀式各論』, 서울: 한국불교출판부, 2001.

안정산 譯, 『閻羅王授記經四衆逆修十王生七往生淨土經』, 서울: 東洋書籍, 1982.

安震湖, 『釋門儀範』, 京城: 卍商會, 1935(昭和10年).

安震湖, 『釋門儀範』, 서울: 法輪社, 2000.

이민수·김두재·최윤옥 옮김, 『月燈三昧經 外』, 서울: 동국대학교 부설 동국역경원, 2001.

이민수 옮김(일연 지음), 『三國遺事 上·下』, 서울: 汎友社, 1986.

李元燮 譯 (韓龍雲 著), 『朝鮮佛敎維新論』, 서울: 万海思想硏究會, 1983.

이원섭 옮김, 『조선불교유신론』, 서울: 운주사, 2007.

이은성 著, 『韓國의 冊曆, 上·下』, 서울: 電波科學社, 1978.

이지형, 『생전예수재』, 서울: 도서출판 동림, 1992.

李惠求, 『韓國音樂序說』, 서울: 서울大學校出版部, 1985.

張相澈, 『勸供 各拜 靈山 注解旋譜要集』, 전주: 太古宗寶相寺, 1988.

정각(문상련), 『한국의불교의례』, 서울: 운주사, 2002.

정각, 『불교의례의 의미와 구분』, 서울: 동국역경원, 1998.

정광호, 『근대한국불교관계연구』, 서울: 인하대출판부, 1994.

崔錫老, 『韓國史의 再照明』, 서울: 讀書新開社出版局, 1977.

추영환·추송학, 『지장경』, 서울: 생활문화사, 1992.

韓萬榮·全仁平, 『東洋音樂』, 서울: 삼호출판사, 1989.

韓萬榮, 『佛教音樂研究』, 서울: 서울大學校出版部, 1982.

慧日明照, 『예수재 -見機而作形 齋 儀式 節次를 중심으로-』, 서울: 에세이퍼블리싱, 2011.

홍윤식, 『韓國의 佛教美術』, 서울: 대원정사, 1994.

_____, 『食堂作法』, 서울: 문화재관리국, 1982.

_____, 『佛敎儀式과 音樂』, 서울: 대원정사, 1988.

_____, 『三國時代의 佛敎信仰儀禮』, 서울: 대한불교진각종, 1988.

_____, 『靈山齋』, 서울: 대원사, 1996.

『佛敎大辭典 上·下』, 서울: 홍법원, 1998.

『佛母大孔省明王經 外』, 서울: 동국대학교 부설 동국역경원, 1999.

『브리태니커세계대백과사전』, 서울: 웅진출판주식회사, 1993.

『한국민족문화대백과사전』, 서울: 웅진출판주식회사, 1997.

『韓國佛敎撰述文獻總錄』, 서울: 동국대학교 불교문화연구소, 1976.

3. 논문

姜錫一, 「和請에 關한 研究」, 석사학위논문, 고려대학교 교육대학원, 1987.

具美來, 「"사십구재"의 의례체계와 의례주체들의 죽음 인식」, 박사학위논문, 안동대학교 대학원, 2005.

권기종, 「『지장경』: 지극한 예배 공양과 염불 수행으로 중생을 구제한다」, 『불교와문화』 통권 제97호, 서울: 대한불교진흥원, 2008, 102~105쪽.

權寧文, 「和請의 敍事文學的 變容」, 박사학위논문, 京畿大學校 大學院, 1994.

권태전, 「甘露幀畵에 나타난 風俗畵的인 要素에 관한 研究」, 석사학위논문, 영남대학교 교육대학원, 1997.

김동국,「回心曲 硏究」, 문학박사학위논문, 고려대학교 대학원, 2004.

_____,「회심곡 변이양상 고찰」,『우리文學硏究』제16집, 춘천: 우리文學會, 2003, 169~205쪽.

_____,「佛敎歌辭의 輪廻思想 고찰」,『우리文學硏究』제19집, 춘천: 우리文學會, 2006, 3~28쪽.

金秀暎,「甘露幀畵의 下段 欲界部分에 대한 硏究」, 석사학위논문, 경원대학교 대학원, 1997.

金純美,「『天地冥陽水陸齋儀梵音刪補集』板本考」,『東洋漢文學硏究』제17집, 부산: 東洋漢文學會, 2003, 27~76쪽.

金應起,「靈山齋의 構成과 그 信仰的 意義에 관한 硏究」, 석사학위논문, 동국대학교 불교대학원, 1994.

_____,「生前豫修齋 儀式 構成과 梵唄: 上壇勸供 儀式 構成 中心으로」,『禪武學術論集』제12권, 서울: 國際禪武學會, 2002, 333~57쪽.

金廷恩,「朝鮮時代 三藏菩薩圖 硏究」, 석사학위논문, 동국대학교 대학원, 2002.

金周坤,「〈回心曲〉硏究」,『淡水』제35집, 대구: 淡水會, 2006, 338~350쪽.

金眞熙,「高麗時代 地藏菩薩圖의 服飾에 관한 硏究」, 석사학위논문, 동아대학교 대학원, 1996.

金鶴子,「韓國 佛敎音樂의 歷史的 展開에 관한 硏究」, 석사학위논문, 원광대학교 교육대학원, 2000.

金熙俊,「朝鮮前期 水陸齋의 設行」, 석사학위논문, 한국교원대학교 교육대학원, 2001.

金熙俊,「朝鮮前期 水陸齋의 設行」,『湖西史學』제30집, 서울: 湖西史學會, 2001, 27~75쪽.

김경집,「한국불교 개화기 교단사 연구」, 박사학위논문, 동국대학교 대학원, 1996.

김성순,「불교음악 화청(和請)에 나타난 성/속의 구조」,『宗敎學硏究』제27집, 서울: 韓國宗敎學硏究會, 2008, 115~139쪽.

김순미,「朝鮮朝 佛教儀禮의 詩歌 研究: 梵音刪補集을 중심으로」, 박사학위논문, 경성대학교 대학원, 2005.

김윤희,「朝鮮 後期 冥界佛畵 現王圖 研究」, 석사학위논문, 홍익대학교 대학원, 2007.

김종진,「〈회심곡〉 감상의 한 측면: 탱화와 관련하여」,『韓國詩歌研究』제12집, 서울: 韓國詩歌學會, 2002, 283~308쪽.

南希叔,「16~18세기 佛教儀式集의 간행과 佛教大衆化」,『韓國文化』제34집, 서울: 서울大學校韓國文化研究所, 2004, 97~165쪽.

_____,「朝鮮後期 佛書刊行 研究: 眞言集과 佛教儀式集을 中心으로」, 박사학위논문, 서울대학교 대학원, 2004.

노명열,「불교 법고 리듬에 관한 연구」, 석사학위논문, 중앙대학교 대학원, 2007.

_____,「한국 불교 의식 진행을 위한 태징 연주법에 관한 연구 Ⅰ」,『중앙대학교 국악대학 박사과정 학술논문집』제3집, 서울: 중앙대학교 대학원 2008, 25~60쪽.

_____,「생전예수재(生前豫修齋)에 관한 연구1」,『제5회 중앙대학교 대학원 음악학과 한국음악전공 학술 발표회 자료집』제5집, 서울: 중앙대학교 대학원 2009, 61~84쪽.

閔東俊,「「朝鮮佛教維新論」의 研究」, 석사학위논문, 연세대학교 교육대학원, 1987.

朴璥善,「佛教音樂에 있어서 梵唄와 讚佛歌의 音樂的 特性研究」, 석사학위논문, 계명대학교 교육대학원, 1985.

박범훈,「불교음악의 전래와 한국적 전개에 관한 연구」, 박사학위논문, 동국대학교 대학원, 1998.

박종민,「한국불교의례집의 간행과 분류:『韓國佛教儀禮資料叢書』와『釋門儀範』을 중심으로」,『역사민속학』제12호, 서울: 한국역사민속학회, 2001, 109~24쪽.

서정매,「예불문의 선율구조에 관한 연구」,『韓國音樂史學報』제40호, 서울: 韓國音樂史學會, 2008, 271~305쪽.

성기련,「화청 회심곡과 염불 회심곡」,『韓國音盤學』제9집, 서울: 韓國古音盤研究會,

1999, 243~71쪽.

손인애, 「불교 축원화청 연구」, 『영산재학회 논문집』 제7호, 서울: 옥천범음대학, 2009, 135~60쪽.

沈祥鉉, 「說法儀式에 대한 考察: 韓國佛敎 儀式集을 중심으로」, 『東方論集』 제1집, 서울: 동방대학원대학교 출판부, 2007, 59~97쪽.

沈曉燮, 「佛敎前期 水陸齋 設行과 儀禮」, 『東國史學』 제40집, 서울: 東國史學會, 2004, 219~46쪽.

_____, 「조선전기 靈山齋의 성립과 그 양상」, 『菩照思想』 제24집, 서울: 佛日出版社, 2005, 247~82쪽.

안병길, 「近代 佛敎音樂에 關한 硏究」, 석사학위논문, 중앙대학교 교육대학원, 1999.

安智源, 「高麗時代 國家 佛敎儀禮 硏究: 燃燈·八關會와 帝釋道場을 중심으로」, 박사학위논문, 서울대학교 대학원, 1999.

梁智淪, 「朝鮮後期 水陸齋 硏究」, 석사학위논문, 동국대학교 대학원, 2002.

延濟永, 「甘露幀畵의 造成背景과 薦度對象의 變化」, 석사학위논문, 고려대학교 대학원, 2003.

_____, 「儀禮的 관점에서 甘露幀畵와 水陸畵의 內容 비교」, 『불교학연구』 제16호, 서울: 불교학연구회, 2007, 265~97쪽.

오경후, 「朝鮮後期 佛敎界의 變化相」, 『慶州史學』 제22집, 경주: 경주사학회, 2003, 247~267쪽.

玉娜穎, 「『灌頂經』과 7세기 신라 밀교」, 석사학위논문, 숙명여자대학교 대학원, 2005.

윤은희, 「甘露王圖 圖像의 形成 문제와 16, 17세기 甘露王圖 硏究」, 석사학위논문, 동국대학교 대학원, 2003.

이미향, 「항일 측면에서 본 불교음악운동」, 『大覺思想』 제9집, 서울: (재)대한불교조계종 대각회 대각출판부, 2006, 267~94쪽.

_____, 「『釋門儀範』 歌曲篇의 음악유형 연구」, 『韓國佛敎學』 통권 제47집, 서울: 韓國佛

教學會, 2007, 401~31쪽.

이성원,「만해 한용운의 불교사상 연구:『朝鮮佛敎維新論』을 중심으로」, 석사학위논문, 영남대학교 교육대학원, 1991, 31쪽.

이승남,「佛敎歌辭「回心歌」와「回心曲」의 대비 고찰: 작품 전개방식을 중심으로」,『어문학』72호, 서울: 한국어문학회, 2001, 237~59쪽.

李英淑,「朝鮮後期 掛佛幀 硏究」, 박사학위논문, 동국대학교 대학원, 2003.

이영식,「장례요의 〈회심곡〉 사설 수용 양상: 강원도를 중심으로」,『韓國民謠學』제15집, 부산: 한국민요학회, 2004, 249~301쪽.

이용운,「朝鮮後期 三藏菩薩圖와 水陸齋儀式集」,『美術資料』, 서울: 國立中央博物館, 2005, 91~122쪽.

이우호,「회심곡 연구 -불교 음악적 요소와 민중 문화적 요소를 중심으로-」, 석사학위논문, 중앙대학교 국악교육대학원, 2007.

이욱,「朝鮮前記 冤魂을 위한 祭祀의 변화와 그 의미: 水陸齋와 여제를 중심으로」,『종교문화연구』제3호, 오산: 한신인문학연구소, 2001, 169~87쪽.

이종미,「화청(和請)의 지역별 음악특성 연구」, 박사학위논문, 단국대학교 대학원, 2010.

_____,「박송암제 화청에 관한 음악 연구」,『한국전통음악학』제8호, 서울: 한국전통음악학회, 2007, 219~52쪽.

李泰浩,「朝鮮時代 木板本『父母恩重經』의 變相圖 板畵에 관한 硏究」,『書誌學硏究』제19권, 서울: 書誌學會, 2000, 219~53쪽.

장수근,「和請의 文學史的 硏究」,『論文集』제22집, 경기: 京畿大學校 敎務處, 7~33쪽.

장휘주,「화청의 두 유형: 축원 화청과 불교가사 화청」,『이화음악논집』제10집 제2호, 서울: 이화여자대학교 음악연구소, 2006, 125~59쪽.

田成姬,「회심곡의 선율분석 연구」, 석사학위논문, 영남대학교 대학원, 2009.

정동하,「일제식민지하에 있어서 한국불교」, 석사학위논문, 한국정신문화연구원,

1987.

정지은, 「和請의 기원과 전개에 관한 연구」, 석사학위논문, 동국대학교 문화예술대학원, 1998.

조광국, 「「청년회심곡」의 창작방법에 관한 연구」, 『冠嶽語文硏究』 24호, 서울: 서울大學校國語國文學科, 1999, 201~225쪽.

조윤희, 「회심곡 연구」, 석사학위논문, 창원대학교 교육대학원, 2004.

지병규, 「「回心曲」의 硏究」, 『語文硏究』 21호, 서울: 語文硏究會, 1991, 169~201쪽.

편무영, 「시왕 신앙을 통해 본 한국인의 타계관」, 『민속학연구』 제3호, 서울: 국립 민속박물관, 1996.

皮教正, 「禮佛儀式에 관한 硏究: 現行하는 禮佛儀式을 中心으로」, 석사학위논문, 동국대학교 문화예술대학원, 2005.

하동호, 「「회심곡」 이본소개」, 『論文集』 24호, 공주: 공주사범대학, 1986, 7~16쪽.

홍석분, 「회심곡의 음악적 분석 -불교의 회심곡과 경기민요의 회심곡의 비교-」, 석사학위논문, 용인대학교 예술대학원, 2003.

4. 시청각 자료

「식당작법·상단」, 『봉원사 영산재』, 서울: 홍원사, 2003.

「영산작법」, 『봉원사 영산재』, 서울: 홍원사, 2003.

『佛敎儀式·儀禮資料』, 서울: 佛讚梵音硏究所, 2012.

『사자암 영산재』, 서울: 홍원사, 1985.

『수륙재 전승 및 보전을 위한 계획발표회』, 서울: 홍원사, 2010.

『안동 봉정사 영산재』, 서울: 홍원사, 2004.

『어산어장 동주원명 스님 영상자료: 동주원명 스님 인터뷰』, 서울: 홍원사, 2011.

『어산어장 동주원명 스님 영상자료: 시연모음집』, 서울: 홍원사, 2011.

『어산어장 동주원명 스님 영상자료: 천지명양수륙재시연』, 서울: 홍원사, 2011.

『중요무형문화재 지정 기념 봉원사 영사재』, 서울: 홍원사, 1988.

『진관사 생전예수재』, 서울: 청룡사, 2009.

『天地冥陽水陸大齋』, 서울: 佛讚梵音硏究所, 2012.

『청룡사 생전예수재』, 서울: 청룡사, 2009.

『청룡사 예수시왕생칠재 복원 법회』, 서울: 청룡사, 2010.

『韓國佛敎傳統儀禮傳承院』, 서울: 韓國佛敎儀禮傳承硏究所, 2012.

『홍원사 생전예수재』, 서울: 청룡사, 2009.